Collection

AUX SOURCES DE LA TRADITION

La Sagesse des Chaldéens

La Sagesse
des
Chaldéens

Les Oracles chaldaïques

Traduit du grec
par
Édouard des Places, S. J.
Correspondant de l'Institut

Postface de Alain Verse

2e tirage

LES BELLES LETTRES

2007

www.lesbelleslettres.com

Pour consulter notre catalogue
et être informé de nos nouveautés
par courrier électronique

© *2007, Société d'édition Les Belles Lettres,
95 bd Raspail 75006 Paris*

Première édition 1993

ISBN : 978-2-251-47002-3

ORACLES CHALDAÏQUES

1

Il existe un certain Intelligible, qu'il te faut concevoir par la fleur de l'intellect[1] ; car si tu inclines vers lui ton intellect et cherches à le concevoir comme si tu concevais un objet déterminé, tu ne le concevras pas ; car il est la force d'un glaive lumineux qui brille de tranchants intellectifs. Il ne faut donc pas concevoir cet Intelligible avec véhémence, mais[2] par la flamme subtile d'un subtil intellect, qui mesure toutes choses sauf cet Intelligible ; et il ne faut pas le concevoir avec intensité, mais, en y portant le pur regard de ton âme détourné (du sensible), tendre vers l'Intelligible un intellect vide (de pensée), afin d'apprendre (à connaître) l'Intelligible, parce qu'il subsiste hors (des prises) de l'intellect (humain).

2

Équipé de pied en cap de la vigueur d'une lumière éclatante, armé, intellect et âme, du glaive à trois pointes, jette dans ton esprit tout le symbole[1] de la triade et ne fréquente pas des canaux de feu[2] en te dispersant, mais en te concentrant[3].

3

... le Père s'est soustrait lui-même, sans même inclure dans sa Puissance intellective le feu qui lui est propre[1].

4

Car la Puissance est avec Lui (le Père), et l'Intellect procède de Lui[1].

5

Car ce n'est pas par une action directe, mais par un Intellect, que le Feu Premier transcendantal enclôt sa Puissance dans la matière; car c'est un Intellect, issu d'un Intellect, que l'artisan du monde igné[1].

6

Comme une membrane intellective qui a pris une ceinture[1], (Hécate) dissocie le premier et le second feux qui ont hâte de se mêler.

7

Car le Père a créé en perfection toutes choses et les a livrées au deuxième Intellect[1], que vous appelez le premier, tous tant que vous êtes, race humaine.

8

Auprès de lui[1] siège la Dyade[2] ; car elle détient ces deux fonctions, de contenir par l'intellect les intelligibles et d'introduire la sensation dans les mondes[3].

9

... et de ne pas contenir par ton intellect.

10

Toutes choses sont nées d'un seul feu[1].

11

Concevant le Bien même, où se trouve la monade paternelle.

12

Il est une monade subtile qui engendre deux.

13

Car du principe paternel rien d'imparfait ne procède.

14

Le Père n'inspire pas la crainte, mais il infuse la persuasion.

15

... vous qui ne savez même pas que tout Dieu est bon[1] ; ah ! malheureux, « dégrisez-vous »[2] !

16

... le silence[1] des pères[2], dont Dieu se nourrit[3]...

17

... pour qui a intellection, l'aliment est l'intelligible[1].

18

Vous[1] qui connaissez, en le pensant, l'abîme paternel hypercosmique.

19

Tout intellect (divin) pense ce Dieu[1].

20

Car l'Intellect ne subsiste pas indépendamment de l'Intelligible, et l'Intelligible ne subsiste pas à part de l'Intellect[1].

20*bis*

(Le Père est) un Intelligible : il a en lui-même ce qui intellige.

21

(Le Père) est toutes choses, mais intelligible-ment[1].

22

Car c'est en trois que l'Intellect du Père[1] a dit que toutes choses fussent divisées, les gouvernant toutes par l'Intellect du tout premier Père éternel ; il n'avait pas marqué son vouloir par un signe de sa tête que déjà toutes choses se trouvaient divisées.

23

Pour qu'une triade contienne toutes choses en les mesurant[1] toutes.

24

(Divisant la continuité) en commencement, fin et milieu[1], selon l'ordre assigné par la nécessité.

25

Le Père eut cette pensée, et voilà[1] qu'un mortel avait de lui reçu l'animation.

26

Car en te voyant monade triadique le monde t'a révéré.

27

Car en tout monde resplendit une triade, qu'une monade commande.

28

Car c'est dans le sein de cette triade que toutes choses ont été semées.

29

Car c'est de cette triade que le Père a mêlé tout souffle vital.

30

Source des sources, matrice qui contient[1] toutes choses.

31

De ces deux premiers[1], découle le lien de la Triade Première[2], qui, en vérité n'est pas première, mais où les intelligibles sont mesurés[3].

32

Ouvrière[1], distributrice de feu porteur de vie est (celle-ci), et remplissant le sein générateur d'Hécate, ... elle répand sur les assembleurs[2] la force du feu vivifiant et puissant.

33

Artisan[1], ouvrier du monde igné[2].

34

C'est de là[1] que jaillit la genèse de la matière[2] aux multiples aspects[3]; de là que l'orage, s'élançant impétueux atténue peu à peu la fleur de son feu[4] en se jetant dans les cavités des mondes[5] ; car c'est de là[6] que toutes choses commencent à tendre vers le bas leurs rayons admirables.

35

C'est de Lui que s'élancent les foudres implacables, le sein, accueillant aux orages, de l'éclat resplendissant d'Hécate issue du Père, la fleur du feu qui a pris (ou qui forme) une ceinture[1], et le Souffle puissant au-delà des pôles ignés[2].

36

L'intellect du Père, porté sur des guides inébranlables, qui rayonnent inflexiblement par les sillons du feu implacable...

37

L'intellect du Père a vrombi, quand il a pensé, d'un propos vigoureux, les Idées de toutes formes[1], et d'une seule source toutes s'élancèrent ; car du Père venaient à la fois propos et achèvement. Mais séparées par le Feu intelligent les Idées se partagèrent en d'autres Idées intelligentes ; car le Souverain a fait préexister au monde multiforme un modèle intelligent impérissable, dont le monde s'est empressé de suivre la trace dans son désordre et est apparu avec sa forme, ciselé par des Idées de toute espèce ; la source en est unique, d'où d'autres Idées jaillissent en vrombissant, partagées, inabordables, en se brisant sur les corps cosmiques ; semblables à des essaims, elles se portent autour d'un sein terrible, en resplendissant de tous côtés et tout près, de toutes les manières, pensées intelligentes qui butinent en abondance, à la source paternelle, la fleur du feu, au plus haut point du temps sans repos. Ces Idées primordiales, c'est la source originelle du Père, parfaite en elle-même, qui les a fait jaillir.

38

Ce sont les pensées du Père[1], derrière lesquelles s'enroule mon feu.

39

Quand en effet il eut conçu ses œuvres, l'Intellect paternel né de lui-même[1] insémina en toutes le lien[2] lourd de feu de l'Amour, pour que la totalité des choses continuât, un temps infini, d'aimer et que ne s'écroulât pas ce qu'avait tissé la lumière intellective du Père ; c'est grâce à cet amour que les éléments du monde[3] continuent leur course.

40

... les principes[1] qui, en pensant les œuvres intelligibles du Père, les ont enveloppées d'œuvres sensibles et de corps.

41

... appréhendant les sensibles comme tangibles.

42

... par le lien de l'admirable Amour, qui jaillit le premier de l'Intellect, vêtant son feu unissant du feu (de l'Intellect)[1], pour mêler les cratères sources en y répandant la fleur de son feu.

43

... d'un amour profond.

44

(Le Père), mêlant l'étincelle de l'Âme aux deux éléments accordés, l'intellect et le signe divins, auxquels il ajouta, en troisième, le chaste Amour, lien auguste apte à unifier toutes choses et à les saillir toutes.

45

... (se) dilater... (pour éviter l') étouffement du vrai amour.

46

... foi, vérité et amour.

47

Et que l'espérance chargée de feu te nourrisse[1].

48

Car c'est en ces trois (vertus) que toutes choses ont gouvernement et être[1].

49

... lumière issue du Père; car seul (l'Aiôn)[1], en butinant en abondance sur la force du Père la fleur de l'Intellect, peut penser l'Intellect paternel et donner de l'intelligence à toutes les sources, à tous les principes, et les faire à la fois tournoyer d'un tourbillon incessant et demeurer (fixes) à jamais.

50

... qu'au milieu des Pères le centre d'Hécate est porté[1].

51

Car de son flanc droit (d'Hécate), là où les cartilages se creusent sous le sternum, jaillit à gros bouillons le flot abondant de l'âme primordiale[1], qui anime radicalement lumière, feu, éther, mondes[2].

52

Au flanc gauche d'Hécate réside la source de la vertu, qui reste toute à l'intérieur, sans perdre sa virginité.

53

C'est après les Pensées du Père que je prends place, moi, l'âme, qui de ma chaleur anime toutes choses[1].

54

Sur le dos de la déesse[1] une nature[2] immense est soulevée.

55

Sa chevelure[1] apparaît aux regards en un vif scintillement de lumière.

56

Rhéa, en vérité, est la source et le courant des Bienheureux intellectifs; car c'est elle, la première en puissance, qui a conçu leur naissance à tous en son sein ineffable et la répand, rapide en son cycle, sur le Tout.

57

Le Père souffla les sept firmaments des mondes[1].

58

(Le feu du soleil), il le fixa à l'emplacement du cœur[1].

59

Le monde solaire et la lumière universelle.

60

Feu dérivation du feu... et intendant du feu.

61

a) La course de l'éther et l'élan immense de la lune et les courants de l'air.

b) Éther, soleil, esprit de la lune, meneurs de l'air.

c) De cercles héliaques, de fanfares[1] lunaires, de creux aériens.

d) Portion de l'éther, du soleil, des canaux de la lune et de l'air.

e) Portion de l'éther, du soleil, de la lune, de tout ce qui flotte avec l'air.

f) Le vaste espace de l'air, la course de la lune et celle, toujours mouvante, du soleil.

62

Les éthers des éléments.

63

Tirée en sa forme convexe.

64

La course de la lune et la procession des astres.

65

Et il y a au milieu, en cinquième, un autre canal conducteur de feu, par où le feu porteur de vie descend jusqu'aux canaux matériels[1].

66

Exécutant quand se mêlent les canaux[1] du feu impérissable les œuvres.

67

De feu, d'eau, de terre, d'éther[1] qui nourrit tout.

68

De fait, tout ce qu'il y avait de différente masse de feu, tout cela il l'ouvrait de ses propres mains, afin que fût pleinement achevé le corps du monde, pour que le monde fût visible et ne parût pas membraneux.

69

Il (l'*ouranos*) est sans doute une imitation de l'intellect, mais le produit[1] contient une part de corps.

70

Car la nature infatigable[1] règne sur les mondes[2] et sur toute créature, pour que le Ciel, entraînant toutes choses, coure sa course éternelle et que le soleil rapide s'avance autour du centre selon son habitude.

71

Tout fier de l'harmonie de la lumière.

72

Car moi, la divine[1], je suis arrivée en grand arroi, armée de pied en cap.

73

En eux[1] est le premier stade sacré, au milieu celui de l'air; vient enfin, en troisième, celui qui par le feu réchauffe la terre. A ces trois maîtres puissants tout est asservi.

74

Principe source[1].

75

Sous elles[1] est incliné le canal[2] principal.

76

Celles-ci[1] président en grand nombre aux mondes brillants, sur lesquels elles s'élancent; parmi elles il y en a trois qui sont les sommités[2], celle du feu, celle de l'éther, celle de la matière.

77

Qui (les iynges), lorsqu'elles sont pensées par le Père[1], pensent elles aussi, mues à penser par ses conseils indicibles.

78

Se tenant comme des transmetteurs de messages[1].

79

Tout monde a des supports intellectuels inflexibles.

80

Mais aussi tout ce qui est asservi aux assembleurs matériels[1].

81

Aux fulgurations intellectuelles du feu intellectuel tout cède, asservi au conseil persuasif du Père.

82

Il a donné à ses fulgurations de garder[1] les sommités[2] en mêlant dans les assembleurs une ardeur particulière de force.

83

Faiseurs d'unité.

84

Car, maintenant tout, il existe, quant à lui[1], tout entier en dehors.

85

Aile du feu.

86

Télétarque[1] maître des âmes.

87

Mais le nom sublime et qui, dans un tourbillon infatigable, s'élance sur les mondes, à l'impétueux commandement du Père.

88

La nature persuade de croire que les démons sont purs, et les germes de la matière mauvaise, utiles et précieux[1].

89

Bestial et impudent[1].

90

Du sein de la terre bondissent des chiens terrestres[1], qui jamais ne montrent signe véridique à un mortel[2].

91

Qui pousse les chiens de l'air, de la terre et des eaux[1].

92

Aquatiques.

93

Tribus aux flots multiples.

94

(Il a placé[1]) l'intellect dans l'Âme[2] et, dans le corps paresseux, nous a logés nous-mêmes[3], Lui, le Père des hommes et des dieux.

95

... en plaçant au cœur[1].

96

L'âme, existant comme un feu lumineux par la puissance du Père[1], demeure immortelle, elle est maîtresse de vie et comprend les plénitudes de beaucoup des replis ‹du monde›.

97

‹Envolée›, l'âme des hommes serrera Dieu en elle-même; sans avoir rien de mortel, elle est entièrement enivrée ‹d'en haut›. Glorifie-toi donc de l'harmonie au-dessous de laquelle se tient le corps mortel.

98

D'un homme sacré[1] les éthers ont édifié le corps[2].

99

... être asservies, mais d'une nuque indomptée subissant le servage[1]...

100

Sale (vile)[1].

101

N'évoque pas l'image directement visible[1] de la nature[2].

102

Ne regarde pas la nature ; son nom est marqué par le destin[1].

103

Et n'ajoute pas au destin...

104

Ne souille pas le pneuma[1] ni n'approfondis la surface[2].

105

... n'éteins pas en ton esprit...

106

Ô homme, produit d'une nature audacieuse.

107

Ne te mets pas en tête les énormes limites de la terre; car la plante de la vérité n'existe pas sur notre sol[1]. Ne mesure pas non plus les dimensions du soleil, à grand renfort de tables[2] : il se meut en vertu d'un vouloir éternel du Père, non à cause de toi. Laisse le vrombissement de la lune : elle court toujours par l'œuvre de la nécessité. La procession des astres n'a pas été enfantée en ta faveur; la large palmure des oiseaux du ciel jamais n'est véridique, non plus que les sections de victimes et d'entrailles; ce ne sont là que des jouets, soutiens d'une fraude vénale. Fuis-les pour ton compte, si tu veux (t') ouvrir le paradis[3] sacré de la piété, où vertu, sagesse et bonnes lois se rencontrent[4].

108

Car l'Intellect du Père a semé les symboles à travers le monde[1], lui qui pense les intelligibles, que l'on appelle indicibles beautés[2].

109

Mais l'Intellect paternel ne reçoit pas la volonté de l'âme que celle-ci ne soit sortie de l'oubli et n'ait proféré une parole, en se remémorant le pur symbole paternel.

110

Cherche le canal de l'âme : d'où elle est, en travaillant à gages pour le corps, descendue à un certain ordre, et comment tu la relèveras à son ordre en joignant l'acte à la parole sacrée.

111

Te pressant vers le centre[1] de la lumière éclatante.

112

Que s'ouvre la profondeur immortelle de l'âme ; et dilate bien en haut tous tes yeux.

113

Il faut, quand on est un mortel doué d'intellect, refréner son âme, pour qu'elle ne se heurte pas à la terre maudite, mais trouve son salut.

114

(de peur que) plongée dans les passions terrestres...

115

Il te faut t'empresser vers la Lumière, vers les rayons du Père, d'où l'âme t'a été envoyée, revêtue d'un intellect multiple.

116

Car le divin n'est pas accessible aux mortels qui pensent selon le corps, mais à ceux qui, nus[1], se hâtent vers les hauteurs.

117

Sauvées par leur propre force[1]...

118

A certains il a donné de saisir par l'étude le symbole de la Lumière; d'autres, jusque dans leur sommeil, il les a fécondés de sa force.

119

La force qui nous unit à Dieu[1].

120

Subtil véhicule de l'âme[1].

121

Le mortel qui se sera approché du Feu tiendra de Dieu la Lumière[1].

122

En embrasant de feu l'âme...

123

En l'allégeant (l'âme) par le pneuma chaud.

124

Ceux qui poussent l'âme hors d'elle-même et la font respirer[1] sont libérés.

125

... De libres lumières.

126

... ayant allumé la torche[1].

127

De partout, d'une âme non façonnée, tends les rênes du feu.

128

Si tu étends un intellect embrasé à l'œuvre de piété, tu sauveras même le corps fluide.

129

Sauvez aussi l'enveloppe mortelle de l'amère[1] matière.

130

Du sort fatal[1] elles évitent l'aile impudente et restent fixées en Dieu, tirant à elles des torches florissantes qui descendent du Père : à ces torches, quand elles descendent, l'âme cueille la fleur, nourrissante pour elle, de fruits embrasés.

131

... chanter le péan[1].

132

... garde le silence[1], ô myste.

133

Que surtout le prêtre en personne, quand il règle les œuvres du feu[1], les arrose du flot glacé de la mer au bruit sourd.

134

Ne pas se hâter non plus vers le monde hostile à la lumière, ce torrent de matière, où se trouvent meurtre, agitations et souffles infects, maladies desséchantes, putréfactions et écoulements : voilà ce que doit fuir qui veut aimer l'Intellect père[1].

135

Car tu ne dois pas les[1] regarder avant que ton corps ne soit initié; en effet, parce qu'ils sont terrestres, ces chiens méchants sont cruels et, en charmant les âmes, ils les détournent chaque fois des rites.

136

Ce n'est pas pour une autre raison que Dieu détourne l'homme et, par sa puissance vivante, le conduit vers des voies stériles.

137

Brille tel un ange, vivant en puissance.

138

... dans le séjour des anges.

139

La compréhension[1] chauffée au feu[2].

140

Les Bienheureux sont prompts à frapper le mortel lent à prier.

141

C'est une libération[1] de Dieu qu'un mortel nonchalant incliné vers ces (passions).

142

Des corps, à cause de vous, ont été attachés à nos autophanies[1].

143

La nature corporelle sur laquelle vous avez été entés.

144

Que ce qui était sans forme prend forme[1].

145

Connaître la forme de la lumière après qu'elle s'est déployée.

146

Après cette invocation, tu contempleras ou bien un feu qui, tel un enfant, se dirige par bonds vers le flot de l'air; ou bien un feu sans forme d'où s'élance une voix; ou une lumière abondante qui s'enroule en vrombissant autour de la terre; ou un cheval plus resplendissant à voir que la lumière, ou encore un enfant monté sur l'échine rapide d'un cheval, embrasé, ou couvert d'or, ou au contraire nu, ou encore, l'arc en main, dressé debout sur l'échine[1].

147

Si tu me le dis souvent[1], tu verras tout en forme de lion; alors la masse voûtée du ciel n'apparaît pas, les astres ne brillent pas, la lumière de la lune reste cachée, la terre ne tient pas sur ses bases, et tout est éclairé par la foudre.

148

Quand tu auras vu le feu sacrosaint briller sans forme, en bondissant, dans les abîmes du monde entier, écoute la voix du feu.

149

Quand tu verras approcher un démon terrestre[1], sacrifie, en l'invoquant, la pierre mnizouris[2].

150

Ne change jamais les noms barbares.

151

... assembleuses...

152

« immorcelable ».

153

Car les théurges ne rentrent pas dans le troupeau voué à la fatalité[1].

154

... qui vont en troupeau.

155

Intraitable, à l'arrière-train pesant[1], sans part à la lumière.

156

Car ceux-là ne sont guère distants des chiens sans raison[1].

157

Ton vase[1] sera la demeure des bêtes[2] terrestres.

158

Et tu ne laisseras pas au précipice[1] le résidu de la matière ; mais l'image aussi a sa part dans la région baignée de lumière.

159

... Que, frappées par Arès, plus pures[1] sont les âmes de ceux qui sous la violence ont quitté le corps que (s'ils étaient morts) de maladie.

160

... (C'est une) loi indissoluble de la part des Bienheureux que (l'âme) retourne à une vie d'homme, non d'animal[1].

161

... des peines qui agrafent les hommes...

162

Ha! ha! rugit la terre sur ceux-là jusque dans leurs enfants.

163

Ne te penche pas en bas vers le monde aux sombres reflets, que sous-tend un abîme[1] éternellement amorphe et informe, ténébreux, sordide, fantomatique, dénué d'Intellect, plein de précipices et de voies tortueuses, sans cesse à rouler une profondeur mutilée, sans cesse à épouser un corps invisible, inerte, sans souffle de vie.

164

Ne te penche pas vers le bas : un précipice gît sous terre, qui tire (l'âme) loin du seuil aux sept voies[1].

165

Cherche le paradis.

166

Ne fais pas sortir l'âme, pour qu'elle ne sorte pas avec quelque (mal).

167

Le centre est ce à partir de quoi tous (les rais qui relient le moyeu à la jante d'une roue) sont égaux jusqu'à la jante.

168

... contenant le principe aux trois ailes[1].

169

... le transcendantalement Un (Deux[1]).

170

Des cités entières, hommes et tout, ont péri...

171

Et jamais, par oubli, ne coulons en un flot misérable.

172

(la matière), dont les courants tortueux en entraînent beaucoup.

173

La matière primordiale[1].

174

Aux autres elle[1] procure la vie, à plus forte raison à elle-même.

175

Et Puissance Première du Verbe sacré[1]...

176

(Et non) en sautant par-dessus le seuil[1].

177

Les télétarques sont joints aux assembleurs.

178

Dans les enclos inaccessibles de la pensée.

179

... commander à toute séparation[1].

180

La fureur de la matière.

181

Le monde qui hait la lumière.

182

La rectitude ingénieuse.

183

Le vrai est dans le profond.

184

Asservi à la profondeur éthérée.

185

Temps du temps[1].

186

Notre corps qui s'écoule.

187

Sans vieillesse.

188

Indépendant des zones[1].

189

A double face[1].

190

Élevant[1].

191

Indicible[1].

192

Matériel[1].

193

Être véhiculé[1].

194

Aux sept rayons[1].

195

Lié aux zones.

196

Tache[1].

197

Clé[1].

198

Le monde caché[1].

199

A la révolution circulaire[1].

200

Intercaler[1].

201

Véhicule.

202

Cour ouverte à tous.

203

Chaîne.

204

Se disperser.

205

Firmaments[1].

206

« Cercle » (« toupie[1] »).

207

Assembleur.

208

Conjonction[1].

209

Hypercosmique.

210

Chalcis[1]... cyminde.

FRAGMENTS DOUTEUX

211

Le misérable cœur du médium est trop faible pour me supporter[1].

212

Ce que dit l'intellect, il le dit sans doute en le pensant.

213

Fuis[1] en hâte les passions terrestres, fuis-les bien loin, toi qui possèdes l'œil excellent de l'âme et les rayons non infléchis, pour que les freins pesants du corps soient retenus par une âme pure et la splendeur éthérée du Père.

214

Tous les dons précieux qui viennent aux hommes leur viennent de Dieu ; que ce soit un bien ou un bonheur, un avantage, quelque chose

d'aimable, c'est toujours là un beau don de Dieu...
La puissance du dieu incommensurable et sa force
sans limites s'imposent à tous, sur tous il règne
seul.

215

Il y a deux démons dans l'homme[1] ; et ils ressortissent à deux races; ce sont eux qui par la terre
féconde ne cessent d'errer, chargés par l'autorité
de Zeus d'assister les humains. Car c'est Zeus qui
donne tous les biens, tous les maux[2], lui qui à ce
qui prend naissance détermine le temps de sa vie,
mêlant aux méchants comme aux bons un corps
mortel. Quiconque se serait par sa sagesse concilié
ces démons et saurait quelles œuvres leur plaisent,
celui-là l'emporterait sur tous en intelligence et en
nobles actions, portant de nobles dons reçus d'un
noble bienfaiteur et fuyant le mal[3].

216

Vous nymphes des sources et tous les souffles
des eaux, creux de la terre, des airs et de la région
subsolaire, ‹démons› lunaires, mâles et femelles,
qui marchez sur toute la matière céleste ou étoilée[1]
comme sur l'abîme.

217

Toutes (les âmes), un doux désir les tient de partager éternellement l'Olympe avec les dieux immortels ; mais à toutes il n'est pas permis d'accéder à ces demeures[1]... Ce n'est pas parce qu'on a mis dans les entrailles (des victimes) un propos confiant[2] que pour cela, une fois dissipé le corps d'ici-bas, on a pris son élan vers l'Olympe, soulevé sur les ailes légères de l'âme. Mais quiconque (est sage...).

218

Ah ! certes, bienheureuses entre toutes les âmes celles-là qui du ciel se répandent sur la terre ; mais les plus fortunées, favorisées d'un destin ineffable, sont celles qui de ta splendeur, ô roi[1], et de Zeus lui-même sont issues, par le fil d'une nécessité impérieuse[2].

219

Après l'aube[1] aérienne, immense, remplie d'étoiles, j'ai quitté[2] la grande maison, la maison toute pure de Dieu ; et voici que j'accède à la terre nourricière, sur tes injonctions et par la persuasion des paroles ineffables dont un mortel se plaît à charmer le cœur des immortels[3].

220

Écoute-moi[1], bien que je ne veuille pas parler, puisque tu m'as lié par la contrainte[2].

221

Pour quel besoin enfin, de l'éther à la course incessante, m'as-tu ainsi, moi la déesse Hécate, évoquée par ces contraintes qui domptent les dieux?

222

Je suis venue, attentive à ta prière pleine d'astuce, que la nature des mortels a découverte sur les injonctions des dieux.

223

Tirant les uns de l'éther par des charmes[1] ineffables, tu les faisais descendre facilement, malgré eux, sur cette terre; les autres, ceux du milieu, juchés sur des vents moyens[2], loin du feu divin tu les envoies aux mortels comme des songes prophétiques, traitant indignement des démons.

224

Eh bien! exécute une statue, purifiée comme je te l'enseignerai : fabrique un corps avec de la rue sauvage, pare-le de petits animaux, de ces lézards domestiques, et quand tu auras broyé une mixture de ces animaux avec de la myrrhe, de la gomme, de l'encens, va en plein air, sous la lune croissante, t'acquitter du rite, en faisant cette prière.

225

Déliez désormais le Souverain; le mortel ne reçoit[1] plus le dieu.

226

Parèdre du Soleil, veillant sur le pôle sacré[1].

PROCLUS

Extraits du *Commentaire sur la philosophie chaldaïque*

I

Les cours et demeures des êtres divins, ce sont les ordres éternels. « La cour ouverte à tous » (fr. 202) du Père, c'est l'ordre paternel, celui qui reçoit et contient toutes les âmes transportées en haut ; mais la classe des anges, comment fait-elle monter l'âme ? En l'« embrasant de feu » (fr. 122), dit l'oracle, c'est-à-dire en l'éclairant de tous côtés, et en la remplissant du feu pur qui lui donne un ordre inflexible et le pouvoir de ne pas se jeter en vrombissant dans le désordre de la matière, de rester, au contraire, unie à la lumière des êtres divins ; la classe angélique la maintient aussi en son lieu propre, l'empêche de se mêler à la matière, « en l'allégeant par le pneuma chaud » (fr. 123) et en la soulevant par la vie ascendante ; car le pneuma chaud est communication de vie[1]. Or est allégé tout ce qui se hâte vers le lieu supérieur, comme tend vers le bas ce qui se porte vers la matière. La fin des montées, c'est la participation aux fruits divins et la pleine communication du feu

qui tient d'elle-même sa lumière, c'est-à-dire le
regard de Dieu, parce qu'elle met l'âme sous les
yeux du Père. L'âme est ainsi rendue apte à chanter
les êtres divins en émettant, selon l'oracle, et en
offrant au Père les symboles indicibles du Père que
celui-ci « a mis » (fr. 94, v. 2) en elle lors de la
première entrée de l'essence. Tels sont, en effet, les
hymnes intellectuels et invisibles de l'âme qui
monte : ils réveillent la mémoire des discours
harmonieux qui portent des images ineffables des
puissances divines qu'elle renferme.

II

Il entend par « profondeur de l'âme » (fr. 112)
ses triples puissances cognitives : intellectives, dis-
cursives, opinatives ; par « tous les yeux », leurs
triples facultés cognitives. Car l'œil est symbole de
connaissance ; la vie, de désir ; triples sont l'un et
l'autre (i.e. désir et connaissance). Or la terre
au-dessus de laquelle il faut élever le cœur, ce sont
toutes les choses matérielles et diverses parmi
celles qui se meuvent dans la création, c'est toute
forme corporelle ; ce qui leur succède, c'est le
spectacle de la monade paternelle, une joie pure à
sa vue, l'équilibre qui résulte de cette contemplation intellectuelle ; d'où il appert que notre bien est
mixte, fait de mouvement et de joie connaturelle.
Car toute vie, ayant le libre usage de sa propre
activité, a en partage un plaisir qui lui est associé.

Et l'hymne du Père, ce ne sont ni les discours composés, ni l'organisation des rites; car, étant seul impérissable, il n'admet pas un hymne périssable. N'espérons donc pas persuader le maître des discours vrais par un vain flux de paroles ni par une fantasmagorie de rites artificiellement enjolivés : c'est à une beauté sans enjolivures que Dieu se complaît. Consacrons donc à Dieu cet hymne-là; abandonnons l'essence fluente; allons au vrai but, l'assimilation à Lui; faisons connaissance du Maître, aimons le Père; obéissons à son appel; courons vers le chaud, fuyant le froid; devenons feu, faisons route à travers le feu. Nous avons la voie libre pour la remontée : le Père nous guide, après avoir ouvert les routes du feu de peur que par oubli nous ne coulions en un flot misérable (fr. 171).

III

La racine de la malice est le corps, comme l'intellect l'est de la vertu. Car celle-ci découle d'en haut pour les âmes, tandis que celle-là y fait irruption[2] des régions inférieures et d'en bas; la « jeter à terre », c'est la retrancher de nous; la laisser (entrer), c'est se porter au rang qui lui a été assigné; or elle est rangée dans toute la création. Et puisque le mal se trouve ici-bas, que « sa ronde parcourt fatalement notre sphère[3] » et que notre corps est une partie de la création, dans ces conditions il est possible de soustraire au dommage une partie ; mais toute la création c'est impossible, à moins de supprimer son être ; c'est là, où on les a recrutées, qu'il faut rejeter jalousie et envie, car étant matérielles elles ont la matière pour nourrice, et « ne pas éteindre dans son esprit » (fr. 105) a été dit par rapport à l'exclusion, non à l'anéantissement, de même que ce qui est éteint dans quelque chose y est entièrement contenu et l'emplit de sa propre chaleur ; et au lieu d'« éteindre », « rejette », en ne gardant pas l'envie enfermée à l'intérieur. C'est pourquoi il ajoute : « Ne souille pas le pneuma » (fr. 104), en la tenant cachée à l'intérieur. Or matérielle est l'envie ; car elle va de pair avec la frustration des biens, et la frustration a pris consistance avec la matière inféconde ; mais sans envie est la gent théurge, qui s'efforce à rivaliser avec la bonté de Dieu au lieu de se laisser attirer aux contestations et hostilités des hommes. Ces passions, incluses dans les âmes, impriment dans le pneuma une malice matérielle et l'infectent de la frustration et de la privation de vie de la matière.

IV

Quand l'âme s'en tient à sa faculté dianoétique, elle a la science des êtres ; quand elle s'est installée dans la partie intellective de son essence propre, elle pense toutes choses selon ses intuitions

simples et indivisibles. Mais quand elle a couru
jusqu'à l'Un et replié toute la multitude qui est en
elle, elle opère par possession divine et s'unit aux
réalités supra-intellectuelles; car partout le semblable a dans sa nature de s'unir au semblable, et
toute connaissance par similitude lie ce qui conçoit
à ce qui est conçu, au sensible le sens, au discours
la faculté discursive, à l'intelligible l'intellective;
par conséquent aussi, à ce qui est avant l'intellect la
« fleur de l'intellect ». De même en effet que dans
les autres domaines ce qu'il y a de plus élevé n'est
pas l'intellect mais la cause supérieure à l'intellect,
de même dans les âmes la première espèce d'activité n'est pas intellective mais plus divine que
l'intellect; et toute âme et tout intellect détiennent
deux sortes d'activités, les unes assimilatrices à
l'Un et supérieures à l'intellection, les autres intellectives. Il faut donc penser aussi cet intelligible
selon cela même qui vient à l'être et selon la réalité,
en nous fermant selon toutes les autres vies et
puissances. De même, en effet, que si nous prenons la forme de l'intellect nous nous approchons
de l'intellect, de même, si nous prenons celle de
l'Un, nous courons vers l'union, dressés à la pointe
de notre propre intellect; puisque, aussi bien, l'œil
ne voit pas le soleil autrement qu'en devenant de la
forme du soleil[4], et non par la lumière venue du
feu. D'où il appert que penser cet intelligible-là est
ne pas penser : « Et si, dit-il, tu inclines (sur lui =
l'intelligible) ton intellect », c'est-à-dire si tu
l'appuies sur les intuitions intellectuelles pour

l'unir à l'Un, et qu'ainsi « tu penses cet "intelligible" comme pensant quelque chose », c'est-à-
dire intuitivement selon une certaine proportion
entre la forme et la connaissance, « tu ne le pense-
ras pas » ; malgré leur simplicité, en effet, de telles
intellections restent en-deçà de la simplicité unitaire et unissante de l'intelligible et se portent vers
certaines (natures) intellectuelles de second ordre
qui ont déjà procédé vers le multiple. Car rien de
connaissable n'est connu par un mode de connaissance inférieur ; ni non plus, par conséquent, ce
qui est au-dessus de l'intellect ne l'est par l'intellect ; à peine, en effet, l'intellect atteint-il un objet,
qu'il dit tel ou tel cet objet de sa pensée, lequel
vient après l'intelligible ; mais si c'est « par la fleur
de l'intellect » qui est en nous que nous pensons
cet intelligible installé à la pointe de la première
triade intelligible, par quoi pourrions-nous encore
nous unir à l'Un, qui est sans communauté de rang
et sans participation avec quoi que ce soit ? En
effet, si le premier Père est dit « se soustraire » à
l'Intellect et à la « puissance », qui est celui qui n'a
pas besoin de s'y soustraire, mais, surindépendant
de toutes choses dans sa simplicité, est célébré
comme le dieu universel ? Et s'il est dit ailleurs du
tout premier Père « et puissance première du
Verbe sacré » (fr. 175), qui est celui qui le surpasse
et dont la participation le fait appeler sacré ? Et si
celui qui le manifeste, lui plus indicible, est nommé
Verbe, il faut qu'avant le Verbe il y ait le silence
qui supporte le Verbe ; et de même, avant toute

chose sacrée, la cause déifiante. De même donc que les êtres qui viennent après les intelligibles — lesquels sont des concentrés — en sont l'expression, de même le verbe qui dans les intelligibles a pris forme d'une autre hénade plus indicible est bien le verbe du silence qui précède les intelligibles ; mais, quand on tait les intelligibles, il est silence. Ainsi, peut-être « la fleur de l'intellect » n'est-elle pas la même chose que la fleur de toute notre âme humaine : celle-là est ce qui dans notre vie intellective a le plus la forme de l'Un, celle-ci est l'Un de toutes les puissances psychiques, qui ont des formes multiples ; car nous ne sommes pas seulement intellect, mais encore discours, opinion, attention, choix, et antérieurement à ces puissances nous sommes une essence une et multiple, divisible et indivisible. Maintenant que l'Un s'est avéré de deux sortes, c'est-à-dire soit fleur de la toute première de nos puissances, soit centre de l'essence entière et de toutes les puissances diverses qui gravitent autour d'elle, c'est la première seule qui nous unit au Père des intelligibles ; car cet Un est intellectif, et pensé par l'intellect paternel selon l'Un qui est en celui-ci ; mais l'Un vers lequel convergent toutes les puissances de l'âme elle-même, c'est celui-là seul qui a pour nature de nous conduire à l'Au-delà de tous les êtres, car c'est lui qui unifie tout ce qui est en nous[5] ; c'est pourquoi selon l'essence nous avons pris racine en cet Au-delà ; et par cet enracinement, même si nous procédons, nous ne nous éloignerons pas de notre cause.

V

La philosophie impute à l'oubli et à la réminiscence des discours éternels (le fait) que nous nous détachions des dieux ou retournions à eux; les oracles l'attribuent (à l'oubli et à la réminiscence) des symboles divins. Ces deux propositions s'accordent; l'âme, en effet, est formée des discours sacrés et des symboles divins; les premiers viennent des formes intellectives, les seconds des hénades divines; et nous sommes à la fois les copies des essences intellectives et les images des signes inconnaissables. Et de même que toute âme est une somme complète de toutes les formes mais ne subsiste que selon une seule cause absolument, de même aussi elle participe à tous les symboles qui l'unissent à Dieu, mais son existence est délimitée dans l'Un; c'est pourquoi toute la multitude qu'elle renferme se concentre en une seule cime. Car il faut encore savoir ceci : toute âme diffère spécifiquement de toute autre, et autant il y a d'âmes, autant aussi il y a d'espèces d'âmes; d'abord, selon une seule forme, il y a subsistance de beaucoup d'individus qui ont la forme de l'Un dans la matière et parmi les êtres composés, dès lors qu'une seule nature sous-jacente participe sous des aspects variés à la même forme; si en effet l'être de l'âme est définition et forme simple, ou bien une âme ne différera en rien d'une autre substantiellement, ou elle en différera selon la forme; car ce qui est peut seul différer, et elle n'est que forme. D'où il appert que toute âme, même si elle est pleine des mêmes Idées, a du moins une seule forme qui la sépare des autres, comme la forme héliaque caractérise l'âme héliaque, et une autre forme une autre âme[6].

VI[7]

Il (Proclus) parle d'abord[8] de la différence qui sépare les prétendues « puissances divines » : comment les unes sont plus matérielles, les autres plus immatérielles, et les unes alertes, les autres pesantes, les unes mêlées aux démons, les autres pures. Tout de suite après, il passe aux circonstances des évocations : les lieux où elles se font, ceux qui voient la lumière divine, hommes ou femmes, les formes revêtues et les symboles divins; et il arrive ainsi aux théagogie de possession divine. « Les unes, dit-il, portent sur des objets inanimés, les autres sur des êtres animés, et ceux-ci raisonnables ou sans raison; souvent, en effet, continue-t-il, des objets inanimés se remplissent de lumière divine, comme les statues qui rendent des oracles sous l'inspiration de quelqu'un des dieux ou des bons démons; des hommes aussi sont pris de possession et reçoivent un esprit divin, les uns spontanément, comme ceux que l'on dit saisis par Dieu, soit à des périodes fixes, soit irrégulièrement, à l'occasion; les autres en s'excitant eux-mêmes à l'enthousiasme par une activité volontaire, comme la prophétesse de Delphes quand elle siège sur la cavité et d'autres qui ont bu l'eau divinatoire. » Ensuite, après avoir dit ce qu'ils doivent faire, il ajoute : « Lors de ces phénomènes, il est inévitable que la théagogie entre en action et qu'une inspiration survienne, avec une mutation de la pensée ; cependant, même parmi ces invasions divines, il en est où les possédés sont complètement hors d'eux-mêmes et inconscients ; d'autres où, de quelque manière étonnante, ils gardent conscience, puisqu'alors le sujet peut même s'appliquer à lui-même la théagogie, et, quand il a reçu l'inspiration, savoir ce qu'elle opère, ce qu'elle dit, comment il faut libérer le moteur ; car si l'extase est totale, il faut absolument qu'un homme dans la plénitude de ses facultés assiste les possédés. » Là-dessus, après de nombreux détails sur les différentes théagogies, finalement il conclut : « Il faut prévenir tout ce qui ferait obstacle à la venue des dieux et faire un calme absolu autour de nous, pour que l'apparition des esprits que nous évoquons se fasse sans tumulte et dans la paix. » Il ajoute encore : « Souvent aux apparitions divines se mêlent les mouvements d'esprit matériels, dont la venue et l'agitation assez violente dépassent ce que peuvent supporter les médiums plus faibles. »

PSELLUS

Commentaire des Oracles chaldaïques

« L'image aussi a sa part dans la région baignée de lumière » (fr. 158[1].)

Chez les philosophes, on appelle image ce qui est connaturel aux êtres supérieurs mais en fait leur est inférieur ; ainsi connaturel est l'intellect à Dieu, à l'intellect l'âme rationnelle, à l'âme rationnelle l'irrationnelle, à l'irrationnelle la nature, à la nature le corps, au corps la matière. Image donc de Dieu est l'intellect ; de l'intellect, l'âme rationnelle ; de l'âme rationnelle, l'irrationnelle ; de l'âme irrationnelle, la nature ; de la nature, le corps ; du corps, la matière. Ici l'oracle chaldaïque fait de l'âme irrationnelle l'image de la rationnelle. Car elle lui est connaturelle dans l'homme, mais inférieure.

Et il dit que « l'âme aussi a sa part dans la région baignée de lumière », c'est-à-dire : l'âme irrationnelle, qui est l'image de l'âme rationnelle, une fois qu'elle a été purifiée par la vertu sa vie durant, remonte à la région supralunaire après la dissolution de la vie humaine ; et elle hérite un lot dans la région baignée de lumière, c'est-à-dire brillante des deux côtés et toute resplendissante. Car la région sublunaire est inondée de ténèbres, c'est-à-dire obscure des deux côtés. Mais l'espace lunaire est éclairé d'un côté ou ténébreux d'un côté, c'est-à-dire par moitié lumineux, par moitié plein d'obscurité. Et en effet la lune aussi est elle-même comme cela : éclairée par moitié, par moitié sans lumière. Mais la région supralunaire est baignée de lumière, soit totalement éclairée. L'oracle dit donc non seulement que l'âme rationnelle hérite un lot dans la région supralunaire[2] baignée de lumière, mais que son image aussi, c'est-à-dire l'âme irrationnelle, a pour son partage d'hériter la région baignée de lumière, quand brillante et pure elle sera sortie du corps. Car le discours hellénique rend immortelle même l'âme irrationnelle de l'homme et la fait monter jusqu'aux éléments sublunaires ; mais l'oracle chaldaïque la purifie, lui inspire les sentiments de l'âme rationnelle et la rétablit dans la région translunaire[3] et baignée de lumière. Voilà quelles sont les croyances chaldaïques.

Mais les guides de la piété, les prophètes et hérauts des dogmes chrétiens ne font nulle part monter l'âme irrationnelle ; ils la définissent expressément mortelle, et par âme irrationnelle ils entendent le cœur et le désir qui tend à la génération. C'est, par exemple, ce que Grégoire de Nysse expose dans son traité de l'âme.

« Et ne laisse pas au précipice le résidu de la matière » (fr. 158).

Ce que l'oracle appelle « résidu de la matière », c'est le corps de l'homme, composé de quatre éléments ; et, comme en un discours d'instruction et d'exhortation, il dit au disciple : « N'élève pas seulement ton âme à Dieu, pour lui faire dominer la confusion de cette vie ; mais, s'il se peut, le corps même dont tu es revêtu et qui est le résidu de la matière, c'est-à-dire une chose rejetée et méprisée et le jouet de la matière, ne le laisse pas à ce monde terrestre ». Car par « précipice » l'oracle désigne le lieu d'ici-bas : du ciel, comme d'un lieu élevé, notre nature est précipitée ; il nous exhorte donc à consumer au feu divin le corps même qu'il appelle « résidu de la matière », ou à l'amaigrir pour l'élever jusqu'à l'éther, ou à nous laisser transporter par Dieu à un lieu immatériel et incorporel, ou corporel mais éthéré, ou céleste, comme celui qu'ont obtenu Élie le Thesbite et avant lui Énoch, transférés de la vie d'ici-bas et fixés dans un apanage plus divin, « sans même laisser au précipice le résidu de la matière », c'est-à-dire leur corps. « Le précipice », comme nous l'avons dit, c'est le lieu terrestre. Malgré le caractère étonnant et surnaturel d'une pareille opinion, ce n'est pas sur notre vouloir ou nos forces que reposent la consomption du corps et son transfert au lieu plus divin ; l'affaire ne dépend que de la grâce divine, qui consume de son feu ineffable la matière du corps et, sur un véhicule enflammé, élève au ciel la nature pesante et terrestre.

« Ne fais pas sortir (l'âme), pour qu'elle ne sorte pas avec quelque (mal) » (fr. 166).

Cet oracle, Plotin aussi lui fait une place, dans son traité de la sortie irrationnelle[4]. Ce traité est une exhortation surnaturelle et superbe. Il défend à l'homme de s'occuper de faire sortir son âme, de se soucier de la manière dont elle sortira du corps, et lui dit de céder à la raison naturelle de la dissolution. Car, à se préoccuper de libérer le corps, de tirer l'âme d'ici-bas, l'esprit se détourne des choses supérieures et s'encombre de pensées qui ne permettent pas à l'âme de se purifier parfaitement. Si donc, alors que nous nous préoccupons de la dissolution, la mort survient au même moment, l'âme ne sort pas complètement libre, elle garde quelque chose de la vie des passions[5]. Car le Chaldéen définit passion le souci que l'homme a de la mort. Il faut, dit-il, n'avoir d'autre souci que celui des illuminations supérieures; ou plutôt n'avoir même pas ce souci, mais, s'abandonnant aux puissances angéliques ou divines qui nous tirent en haut et ferment les sens du corps, disons même ceux de l'âme, suivre sans agitation ni raisonnement Dieu qui nous appelle.

Certains ont expliqué plus simplement le présent oracle. Quand il dit « ne fais pas sortir (l'âme), de peur qu'elle ne sorte avec quelque (mal) », cela signifie : « Ne te supprime pas avant ta mort naturelle, même si tu t'es entièrement donné à la philosophie; car tu n'es pas encore parvenu à la purification parfaite. » De ce fait, si l'âme sort du corps par une telle éduction, elle en sort avec quelque chose de la vie mortelle. En effet, bien que nous soyons, nous autres hommes, dans le corps comme dans une prison, ainsi que Platon l'a dit en des paroles ineffables pour avoir appris l'opinion d'en haut, néanmoins il ne faut pas « se tuer avant que Dieu n'envoie la nécessité ». Cette interprétation est meilleure que la précédente et s'accorde avec la doctrine chrétienne.

« Ne te mets pas en tête les énormes limites de la terre ; car la plante de la vérité n'existe pas sur notre sol. Ne mesure pas non plus les dimensions du soleil, à grand renfort de tables : il se meut en vertu d'un vouloir éternel du Père, non à cause de toi. Laisse le vrombissement de la lune : elle court toujours par l'œuvre de la nécessité. La procession astrale n'a pas été enfantée en ta faveur ; la large palmure des oiseaux de l'éther jamais n'est véridique, non plus que les sections de victimes et d'entrailles ; ce ne sont là que des jouets, soutiens d'une fraude vénale. Fuis-les pour ton compte, si tu veux (t') ouvrir le paradis sacré de la piété, où vertu, sagesse et bonnes lois se rencontrent » (fr. 107).

Le Chaldéen détourne son disciple de toute sagesse hellénique et s'attache, pense-t-il[6], à Dieu seul. Car il dit : « Ne te mets pas en tête les énormes limites de la terre ; car il n'est pas sur notre sol de plante de vérité. » Ce qui signifie : N'agite pas dans ton esprit les grandes limites de la terre, comme le font les géographes quand ils mesurent la terre; car il n'est pas de semence de vérité sur la terre. « Ne mesure pas non plus les dimensions du soleil à grand renfort de tables : il se meut en vertu d'un vouloir éternel du Père, non à cause de toi. » Ce qui signifie : Ne t'occupe pas d'astronomie ni ne mesure la course du soleil avec des tables astronomiques; car ce n'est pas à cause de ta vie qu'il poursuit sa course, mais il se meut hors du temps selon le vouloir de Dieu. « Laisse le vrombissement de la lune; elle court toujours par l'œuvre de la nécessité. » Ce qui signifie : que le mouvement rapide de la lune ne t'agite pas; car si elle court, ce n'est pas pour tes beaux yeux, mais poussée par une nécessité plus forte. « La précession astrale n'a pas été enfantée en ta faveur », c'est-à-dire que celles des étoiles fixes ou des planètes qui mènent le chœur n'ont pas reçu en ta faveur leur substance. « La large palmure des oiseaux de l'éther jamais n'est véridique. » Cela signifie : l'art d'observer les oiseaux qui volent dans les airs, qu'on appelle justement « oiônistique[7] », n'est pas véridique, lui qui scrute leur vol, leurs cris, la façon dont ils se posent. « La large palmure » : ainsi désigne-t-il la large plante de leurs pattes, quand les doigts s'étendent en tirant sur la membrane qui les relie. « Ni les sections de victimes et d'entrailles; tout cela n'est que jouets », c'est-à-dire que la science appelée sacrificielle, à savoir celle qui par les sacrifices cherche la prescience de l'avenir, comme celle qui dépèce les

entrailles des victimes égorgées, sont manifeste-
ment des jeux. « Soutiens d'une fraude vénale »,
c'est-à-dire : occasions frauduleuses de gain. Ne
t'agite donc pas là-dessus, dit-il, toi qui t'instruis à
mon école, « si tu veux (t') ouvrir le paradis sacré
de la piété ». Le paradis sacré de la piété, selon les
Chaldéens, n'est pas celui dont parle le livre de
Moïse ; c'est la prairie des contemplations
sublimes, où (se trouvent) les arbres diaprés des
vertus, le bois de la connaissance du bien et du mal,
c'est-à-dire le sage discernement qui distingue le
meilleur du pire, et le bois de vie, c'est-à-dire la
plante de l'illumination divine qui donne à l'âme le
fruit d'une vie plus sainte et meilleure. En tout cas,
dans ce paradis, les quatre principes généraux des
vertus coulent comme des fleuves ; dans ce paradis
on voit pousser vertu, sagesse, bonnes lois. La
vertu est à la fois une par son genre et multiple par
sa division en espèces. La sagesse les comprend
toutes, elle que l'intellect divin produit comme une
monade indéfinie. Parmi ces exhortations chaldaïques, la plupart répondent à nos explications
(chrétiennes) ; mais certaines ont été rejetées.
Alors, en effet, que selon l'affirmation expresse de
notre croyance la création visible a été faite pour
l'homme, le Chaldéen n'admet pas cette doctrine ;
pour lui, les êtres célestes se meuvent éternellement, par l'œuvre de la nécessité et non à cause de
nous.

« Cherche le canal de l'âme : d'où elle est, en

travaillant à gages pour le corps, descendue à un certain ordre et comment tu la relèveras à son ordre en joignant l'acte à la parole sacrée » (fr. 110).

C'est-à-dire : cherche le principe de l'âme, d'où elle a été produite pour servir le corps et comment, sans jugement, en l'éveillant par les pratiques théurgiques, on la reconduirait là d'où elle est venue. « En joignant l'acte à la parole sacrée », cela veut dire : il y a en nous une parole sacrée, la vie plus intellective, ou plutôt la puissance supérieure de l'âme qu'ailleurs l'oracle appelle « fleur de l'intellect ». Mais cette parole sacrée est de soi impuissante à faire monter en haut et à faire recevoir le divin. Et si le propos de notre piété guide l'homme à Dieu par les illuminations d'en haut, le Chaldéen prétend en faire autant par la science télestique ; or la science télestique est celle qui initie, dirait-on, l'âme par la puissance des matières d'ici-bas. Mais à condition, dit-il, de joindre l'acte à la parole sacrée, c'est-à-dire d'unir à la parole sacrée de l'âme, soit à la puissance supérieure, l'acte du rite. Notre théologien Grégoire, lui aussi, par la raison et la contemplation fait monter l'âme vers le divin ; par la raison : par ce qui en nous est plus intellectif et meilleur ; par la contemplation : par l'illumination qui est au-dessus de nous. Platon, lui, nous fait embrasser par la raison et l'intuition l'essence inengendrée. D'après le Chaldéen, en revanche, nous ne pouvons monter vers Dieu qu'en fortifiant le véhicule de l'âme par les rites matériels ; à son avis, en effet, l'âme est purifiée par des pierres, des herbes, des incantations et tourne ainsi bien rond pour son ascension.

« Ne te penche pas vers le bas ; un précipice gît sous terre, qui tire (l'âme) loin du seuil aux sept voies » (fr. 164), au pied duquel est le trône de la Nécessité.

A l'âme qui est avec Dieu, l'oracle donne l'avis de porter sur lui seul son attention et de ne pas incliner vers le bas ; car le précipice est vaste qui va de Dieu à la terre, entraînant les âmes à travers le seuil aux sept voies. Le seuil aux sept voies, ce sont les sphères des sept planètes. Ainsi, quand l'âme s'est inclinée d'en haut, elle est portée sur la terre à travers ces sept sphères. Or la descente depuis les sept cercles comme à travers un seuil conduit au trône de la Nécessité ; quand l'âme s'y trouve installée, elle se voit contrainte de désirer le monde terrestre.

« Ne change jamais les noms barbares » (fr. 150).

C'est-à-dire : il y a chez les peuples des noms livrés par Dieu, qui ont dans les rites une force ineffable. Ne les transpose donc pas en grec : Séraphim, par exemple, ou Chérubim, Michel, Gabriel. Car ainsi prononcés selon l'hébreu, ils ont dans les rites une action ineffable ; changés en noms grecs, ils perdent leur force. Pour moi, je ne reçois pas les rites chaldaïques et je n'adhère pas à cette foi. Mais je t'ai à peine dévoilé l'obscurité de l'oracle.

« Tout monde a des supports intellectuels immobiles » (fr. 79).

Les Chaldéens mettent des puissances dans l'univers et ils les nomment « cosmagogues » (« meneurs de monde »), comme menant le monde par des mouvements prévoyants. Ce sont donc ces puissances que maintenant l'oracle appelle « supports », comme supportant infatigablement l'univers entier : « immobiles » désigne leur force de stabilité ; « supports », leur force de garde. Ces puissances, ils les définissent par l'unique cause des mondes et leur place immuable. Il est aussi d'autres puissances qu'on appelle chez eux inflexibles, parce qu'elles sont tendues, ne se tournent pas vers les choses d'ici-bas et empêchent les âmes de se laisser fléchir par les passions charmeuses.

« Agis sur le cercle d'Hécate » (fr. 206).

Le cercle d'Hécate est une sphère d'or, qui renferme au milieu un saphir, tourne par le moyen d'une lanière de taureau et porte des caractères sur toute sa surface ; c'est en la tournant qu'on faisait les évocations. Et on a coutume d'appeler iynges ces instruments, que la forme en soit sphérique, triangulaire ou d'autre sorte[8]. En les faisant tournoyer, on émettait des cris indistincts ou bestiaux, tout en riant et fouettant l'air. L'oracle enseigne donc que ce qui opère le rite, c'est le mouvement d'un tel cercle, en raison de sa force indicible. Et on l'appelle « hécatique », comme consacré à Hécate; Hécate, elle, est une déesse des Chaldéens, qui tient à main droite[9] la source des vertus et à main gauche celle des âmes. Mais tout cela n'est que bavardage.

« Si tu me le dis souvent, tu verras tout en forme de lion; alors la masse voûtée du ciel n'apparaît pas, les astres ne brillent pas, la lumière de la lune reste cachée, la terre ne tient pas sur ses bases, et tout est éclairé par la foudre » (fr. 147).

Un des douze animaux célestes dits (signes du) zodiaque est le lion, qu'on nomme « maison du soleil », dont le Chaldéen appelle « léonine » la source, c'est-à-dire la cause de la composition des astres en forme de lion. Si donc, au cours des rites, tu appelles par son nom une telle source, tu ne verras dans le ciel rien d'autre qu'une apparence léonine. Car sa masse convexe ou circulaire ne t'apparaîtra pas, ni les étoiles ne resplendiront, mais la lune elle-même est cachée et tout est agité de tremblements. Or cette source léonine ne supprime pas l'essence du ciel et des astres, mais l'élément capital de sa propre substance en obnubile la contemplation.

« De partout, d'une âme non façonnée, tends les rênes du feu » (fr. 127).

L'oracle appelle âme non façonnée celle qui manque de forme et d'empreinte, ou la plus simple et la plus pure ; les rênes de feu d'une telle âme, c'est la libre activité de la vie théurgique, qui tend l'intellect embrasé vers la lumière divine elle-même. Ainsi, « de partout, d'une âme non façonnée, tends les rênes du feu », c'est-à-dire : qu'à partir de la puissance intellective, de la cogita-tive, de l'opinative, chaque puissance reçoive pro-portionnellement les illuminations divines. Car nous ne pouvons pas toujours opérer intellec-tuellement, mais la nature s'affaisse et opère selon les secondes vies.

« Ô homme, produit d'une nature auda-cieuse ! » (fr. 106).

L'homme est un produit, puisque Dieu l'a composé avec un art ineffable, et l'oracle l'appelle « nature audacieuse », parce qu'il scrute même ce qui le dépasse, mesure la course des astres, précise les rangs des puissances surnaturelles, examine ce qui est le plus à l'extérieur de la voûte céleste[10] et s'efforce de parler de Dieu[11]. Ces intuitions de la pensée, voilà qui est d'une nature décidément audacieuse. Non, il ne dénigre pas ici l'audace ; il s'extasie, au contraire, sur l'élan de la nature.

« Au flanc gauche d'Hécate réside la source de

la vertu, qui reste toute à l'intérieur, sans perdre sa virginité » (fr. 52).

Dans la définition des Chaldéens, Hécate occupe un ordre exactement intermédiaire et joue le rôle de centre par rapport à l'ensemble des puissances. Et à sa droite ils mettent la source des âmes, à gauche celle des vertus, et ils disent que la source des âmes est prête à la procréation ; la source des vertus, elle, reste à l'intérieur des limites de sa propre substance, elle est comme vierge et intacte ; elle tient cette fixité immobile des puissances inflexibles et se pare d'une ceinture virginale.

« Quand tu auras vu le feu sacrosaint briller sans forme, en bondissant, dans les abîmes du monde entier, écoute la voix du feu » (fr. 148).

L'oracle parle de la lumière divine que voient un grand nombre d'hommes : si l'on contemplait une telle lumière avec une figure et une forme, qu'on n'y fasse plus attention et qu'on se garde de tenir pour vraie la voix qu'elle émettrait. Mais si on la voyait sans figure et sans forme, on ne craindra pas l'illusion ; et ce qui viendra de là aux oreilles, c'est la vérité expresse. Et il appelle un tel feu sacrosaint, parce qu'il apparaît favorablement aux théurges et se montre en bondissant, c'est-à-dire joyeux et gracieux, dans les profondeurs du monde.

« N'évoque pas l'image directement visible de la nature » (fr. 101).

Il y a vision directe quand l'initié voit lui-même les lumières divines. Mais s'il n'apercevait rien, tandis que celui qui règle l'initiation voit de ses yeux l'apparition, cela s'appelle époptie par rapport à l'initié. Or il faut que l'image évoquée dans les rites soit intelligible et entièrement exempte de corps. Mais la forme de la nature n'est absolument pas intelligible; car la nature est principalement une puissance qui gouverne des corps; n'évoque donc pas, dit-il, dans les rites l'image de la nature qui apparaît d'elle-même. Car elle ne ferait que t'amener avec soi une multitude de démons de la nature.

« La nature persuade de croire que les démons sont purs, et les germes de la matière mauvaise, utiles et précieux » (fr. 88).

Ce n'est pas qu'elle persuade cela d'elle-même; mais quand on l'évoque avant même qu'elle ne paraisse, tout un chœur de démons afflue, et diverses forces démoniques se montrent en avant-courrières[12], suscitées à partir de tous les éléments, formées et divisées à partir de toutes les sections du monde lunaire; et souvent, apparaissant joyeuses et gracieuses, elles feignent une apparence de bonté à l'égard de l'initié.

« ‹Envolée›, l'âme des hommes serrera Dieu en elle-même; sans avoir rien de mortel, elle est entièrement enivrée (d'en-haut). Glorifie-toi donc de l'harmonie au-dessous de laquelle se tient le corps mortel » (fr. 97).

L'âme, dit-il, presse en elle-même le feu divin (c'est ce que veut dire « serrer ») par l'immortalité et la pureté. Car alors elle est tout entière enivrée, c'est-à-dire remplie de vie et d'illumination supérieures, et on dirait qu'elle sort d'elle-même (elle paraît en extase). Ensuite le texte lui dit : « Glorifie-toi de l'harmonie », c'est-à-dire vante-toi de l'harmonie invisible et intelligible qui te tient unie par des proportions numériques et musicales. Car c'est sous cette harmonie intelligible que le corps mortel et composé a été formé, puisque sa structure lui est venue de cette chorégie.

« Que s'ouvre la profondeur immortelle de l'âme ; et dilate bien en haut tous tes yeux » (fr. 112).

« La profondeur de l'âme », ce sont ses triples puissances intellectives, intuitives, opinatives ; ses yeux, leurs triples activités cognitives. Car l'œil est le symbole de la connaissance ; la vie, de l'appétit. « Que s'ouvre » donc, dit-il, « la profondeur immortelle de l'âme » ; dilate tout en haut tes puissances cognitives, et transporte-toi tout entier, pour parler notre langue (chrétienne), vers le Seigneur.

« Ne souille pas le pneuma ni n'approfondis la surface. » (Ne fais pas du plan un solide ; Kroll, p. 64) (Fr. 104.)

Les Chaldéens revêtent l'âme de deux tuniques ;

ils nomment l'une pneumatique, (celle) qui lui est tissée à l'aide du sensible; l'autre, lumineuse, subtile et sans profondeur, qu'ils appellent surface. « Ne souille donc pas », dit-il, la tunique pneumatique de l'âme par l'impureté des passions, ni n'approfondis sa surface par des additions matérielles; mais garde-les l'une et l'autre dans leur nature, l'une pure, l'autre sans profondeur.

« Cherche le paradis » (fr. 165).

Le paradis chaldaïque, c'est tout le chœur des puissances divines autour du Père, ce sont les beautés enflammées des sources créatrices. Son ouverture par la piété, c'est la participation aux biens; le glaive flamboyant[13], la puissance implacable pour ceux qui s'en approchent indignement. Il est fermé à ceux-ci en raison de leur inaptitude, mais ouvert aux pieux. C'est vers lui que tendent toutes les vertus théurgiques.

« Ton vase sera la demeure des bêtes terrestres » (fr. 157).

Le vase est le mélange composé de notre vie; les bêtes terrestres, ce sont les démons qui tournoient autour de la terre. Ainsi, comme notre vie s'est remplie de passions, de pareilles bêtes l'habiteront. En effet, ces races tiennent leur substance des passions, elles y ont leur siège et leur rang matériel; c'est pourquoi les passionnés se collent à elles, attirant le semblable par le semblable, avec la puissance motrice des passions.

« Si tu étends un intellect embrasé à l'œuvre de piété, tu sauveras même le corps fluide » (fr. 128).

C'est-à-dire : si tu étends ton intellect illuminé d'en haut — devenu toi-même l'œuvre du feu divin — aux œuvres de la piété (or les œuvres de la piété, chez les Chaldéens, ce sont les méthodes théurgiques), non seulement tu garderas ton âme hors de l'atteinte des passions, mais encore tu rendras ton corps plus sain. Car cela aussi, c'est souvent l'œuvre des illuminations divines : consumer la matière du corps et conférer santé à la nature, de manière à la soustraire soit aux passions soit aux maladies.

« Du sein de la terre bondissent des chiens terrestres, qui jamais ne montrent signe véridique à un mortel » (fr. 90)

Il s'agit des démons matériels, qu'il appelle chiens, comme bourreaux des âmes, et terrestres, comme tombés du ciel et errants autour de la terre. Ceux-ci, en effet, dit-il, fixés loin de la vie divine et privés de la contemplation intellective, ne peuvent annoncer l'avenir. Par suite, tout ce qu'ils disent et indiquent est faux et sans substance, car ils connaissent les êtres par leurs formes ; mais ce qui connaît les choses à venir dans leur unicité use de concepts individuels et sans forme.

« Car le Père a créé en perfection toutes choses

et les a livrées au deuxième Intellect, que vous appelez le premier, tous tant que vous êtes, race humaine » (fr. 7).

Après avoir ouvré toute la création, le premier Père de la Triade[14] l'a livrée à l'Intellect, à celui que toute la race des hommes, ignorant l'excellence du Père, appelle le premier Dieu. Mais notre croyance tient, au contraire, que le premier Intellect, le Fils du Père souverain, a ouvré toute la création. Car dans le livre de Moïse le Père indique au Fils l'idée de la production des créatures; et le Fils devient l'artisan de la création.

« ... des peines qui agrafent les hommes » (fr. 161).

Les anges de l'ascension font monter vers eux les âmes en les tirant du devenir. Or les peines, c'est-à-dire les natures vindicatives des démons et les épreuves des âmes humaines, enchaînent celles-ci dans les passions de la matière et, dirait-on, les étranglent; et elles malmènent non seulement ceux qui sont remplis des passions mais encore ceux qui se sont détournés vers l'essence immatérielle; ceux-là également, en effet, pour être venus à la matière et au devenir, ont besoin d'une telle purification. En fait, nous voyons beaucoup de ceux qui vivent dans la sainteté et la pureté tomber en des calamités inattendues.

« L'intellect du Père a semé des symboles dans les âmes » (fr. 108).

De même que le livre de Moïse façonne l'homme à l'image de Dieu, de même, d'après le Chaldéen, l'auteur et père du monde a semé dans les âmes des symboles de sa personnalité. En effet, c'est des semences du Père que non seulement les âmes mais encore tous les ordres supérieurs ont germé. Et autres sont les signes des substances incorporelles elles-mêmes, qui s'y trouvent avec incorporéité et unicité de forme; autres, dans les mondes, les signes et symboles : les propriétés ineffables de Dieu, supérieures même aux vertus.

« Que des hommes qui sous la violence ont quitté le corps très pures sont les âmes... » (fr. 159).

Si l'on entend raisonnablement l'oracle, il ne s'opposera pas à nos croyances. En effet les martyrs couronnés, qui ont quitté le corps dans des luttes violentes, ont rendu pures leurs âmes. Mais ce n'est pas ce que dit le Chaldéen; il loue toute mort violente : parce que, d'après lui, l'âme qui a douloureusement quitté le corps maudit la vie d'ici-bas, elle hait la conversion vers le corps et va joyeuse au séjour d'en haut. Mais celles à qui des maladies ont fait quitter l'existence par la dissolution du souffle vital ne souffrent guère d'avoir été inclinées et portées vers ce corps[15].

« L'âme, existant comme un feu lumineux par la puissance du Père, demeure immortelle, elle est maîtresse de vie et comprend les plénitudes de beaucoup des replis «du monde»» (fr. 96).

L'âme, qui est un feu immatériel et incorporel, exempt de tous les composés et de la ténèbre matérielle, est immortelle. En effet, il ne s'est pas mêlé à elle de matière ténébreuse, et elle n'est pas composée de façon à pouvoir se résoudre en ses composants. Elle est aussi maîtresse de vie, elle qui fait resplendir la vie sur les morts. Elle a aussi les plénitudes de beaucoup de replis, c'est-à-dire qu'elle a des puissances susceptibles du gouvernement universel ; elle peut, en effet, habiter selon les différentes vertus les différentes zones de l'univers.

« Le Père n'inspire pas la crainte, mais il infuse la persuasion » (fr. 14).

C'est-à-dire : le divin n'est pas terrifiant ni irritable, mais doux et serein ; par suite, il n'envoie pas la crainte aux natures qui lui sont soumises, mais attire tout par la persuasion et la grâce. Serait-il, en effet, effroyable et menaçant que toute la nature se serait dissoute, car rien ne pourrait soutenir sa puissance. Cette opinion est partiellement vraie pour notre foi. Car Dieu est une lumière et « un feu qui consume[16] » les méchants ; mais la menace de Dieu et sa crainte, c'est la retenue providentielle de sa bonté pour nous.

« Le Père s'est soustrait lui-même, sans même

inclure dans sa Puissance intellective le feu qui lui est propre » (fr. 3).

Le sens de l'oracle est celui-ci : le Dieu suprême, qui est aussi appelé Père, se rend lui-même incompréhensible et insaisissable, non seulement aux premières et aux secondes natures et à nos âmes, mais encore à sa propre puissance. Or la puissance du Père, c'est le Fils. « Le Père », en effet, dit-il, « s'est soustrait » à toute nature. Mais cette opinion n'est pas orthodoxe. Car chez nous le Père s'est révélé dans le Fils, comme aussi le Fils dans le Père[17]. Et la définition du Père, c'est le Fils et le Verbe divin surnaturel.

« Or il existe un certain Intelligible, qu'il te faut concevoir par la fleur de l'intellect » (fr. 1).

L'âme a pour chaque objet d'intellection une puissance correspondante ; pour les sensibles, le sens ; pour les choses concevables, la cogitative ; pour les intelligibles, l'intellect. Aussi le Chaldéen dit-il : bien que Dieu soit un intelligible, néanmoins il n'est pas saisissable par l'intellect, mais par la fleur de l'intellect. Or la fleur de l'intellect, c'est la puissance douée d'unité individuelle de l'âme. En tout cas, puisque Dieu est un par propriété, n'essaie pas de le comprendre par l'intellect, mais par la puissance unitaire de l'âme. Car l'un primordial n'est en quelque façon saisissable que par ce qui en nous est un ; il ne l'est ni par la cogitative, ni par l'intellect.

« Ceux qui poussent l'âme hors d'elle-même et la font respirer sont libérés » (fr. 124).

Pour que l'on ne dise pas : je veux libérer l'âme du corps, mais je ne le puis, l'oracle dit : les puissances qui poussent l'âme hors de la nature corporelle et qui la font comme respirer loin de la souffrance et de l'oppression subies dans le corps sont libérées ; c'est-à-dire : les puissance sont elles-mêmes libres, n'étant contraintes par aucune nature, et elles ont pu très généreusement délivrer l'âme de ses entraves corporelles.

« Il te faut t'empresser vers la Lumière, vers les rayons du Père, d'où l'âme t'a été envoyée revêtue d'un intellect multiple » (fr. 115).

Puisque ce n'est pas de semences que l'âme a reçu sa substance, qu'elle ne consistait pas en mélanges corporels mais a eu d'en haut, de Dieu, son existence, c'est aussi vers lui qu'elle doit se tourner, en opérant sa montée vers la lumière divine. Car c'est revêtue d'un multiple intellect qu'elle est descendue ici-bas ; c'est-à-dire qu'elle a été revêtue par l'auteur et le Père de réminiscences d'un sort plus divin, quand elle a commencé à descendre ici-bas, d'où ces réminiscences l'aideront à retourner là-haut.

« Toutes choses sont nées d'un seul feu » (fr. 10).

L'opinion est vraie ; nous la faisons nôtre. Tous

les êtres, en effet, intelligibles et sensibles, n'ont reçu que de Dieu leur substance et sont tournés vers Dieu seul ; ceux qui ne font qu'être, essentiellement ; ceux qui sont et vivent, essentiellement et vitalement ; ceux qui sont, vivent et pensent, essentiellement, vitalement et intellectivement. C'est donc d'un seul que tout est né et à un seul que remontent ces êtres. L'oracle ne bronche donc pas et est plein de notre doctrine.

« Ce que dit l'intellect, il le dit sans doute en le pensant » (fr. 212).

Quand, dit-il, tu entends une voix articulée qui gronde du haut du ciel, ne va pas croire que cette voix provienne d'un ange ou de Dieu qui l'aurait composée en discours articulé. Alors que l'être supérieur n'a fait que la penser, indivisiblement, selon sa propre nature, toi, selon tes forces, tu as entendu cette pensée en syllabes et verbalement. De même en effet que Dieu entend sans voix nos voix, de même aussi l'homme reçoit avec sa voix la pensée de Dieu, chacun agissant selon sa nature.

« Ha ! ha ! rugit la terre[18] sur ceux-là jusque dans leurs enfants[19] » (fr. 162).

L'oracle parle des impies : jusque dans leur postérité, dit-il, Dieu étend sur eux son châtiment. Car c'est pour désigner des châtiments souterrains qu'il dit : la terre hurle sur eux, c'est-à-dire : le lieu souterrain rugit sur eux et fait retentir comme le rugissement d'un lion. Aussi Proclus dit-il : la composition des âmes apparentées est homogène ; celles qui ne sont pas encore libérées des liens de la nature sont retenues dans les souffrances de leurs pareils. Elles doivent donc, elles aussi, recevoir leur part de toute la peine et, après s'être infectées de leurs souillures par suite d'une affinité connaturelle, s'en purifier à nouveau.

« N'ajoute pas au destin » (fr. 103).

Par destin les plus sages des Grecs désignent la nature, ou plutôt la plénitude des illuminations que la nature reçoit. Tandis que la Providence, elle, est la bienfaisance immédiate de Dieu, le destin gouverne notre vie en tressant la chaîne des êtres. Nous dépendons de la Providence quand nous agissons intellectivement ; du destin, quand nous agissons aussi corporellement. « N'ajoute donc pas », dit-il, à ton « destin », mais domine-le et ne te laisse gouverner que par Dieu.

« Car du principe paternel rien d'imparfait ne procède » (fr. 13).

Le Père, dit-il, crée toutes choses parfaites et indépendantes selon leur rang. Mais souvent la faiblesse et l'affaissement des créatures introduit en elles défaut et imperfection. Cependant le Père rappelle et ramène le défaut à la perfection et le tourne vers l'indépendance. C'est aussi ce que proclame l'apôtre saint Jacques, frère du Seigneur, au début de son épître : « Tout don parfait descend d'en haut, du Père des lumières » (1, 17). Car rien d'imparfait ne procède du parfait, surtout quand nous nous trouvons recevoir sur-le-champ ce qu'il verse de sa source.

« Mais l'Intellect paternel ne reçoit pas sa volonté qu'elle ne soit sortie de l'oubli et n'ait proféré une parole, en se remémorant le pur symbole paternel » (fr. 109).

L'Intellect paternel ne reçoit pas les volontés de l'âme qu'elle n'ait aboli l'oubli des richesses reçues du Père de toute bonté, ne soit venue à se ressouvenir des signes sacrés qu'elle tient de lui, n'émette une voix reconnaissante en se rappelant les symboles de celui qui l'a engendrée. Car l'âme est formée des discours sacrés et des symboles divins ; les premiers viennent des formes intellectuelles, les seconds des hénades divines. Et nous sommes les copies des substances intellectuelles, les images des signes inconnaissables. Il faut aussi savoir que toute âme diffère spécifiquement de toute autre et qu'autant il y a d'âmes, autant aussi il y a d'espèces d'âmes.

« Quand tu verras approcher un démon terrestre, sacrifie, en l'invoquant, la pierre mnizouris » (fr. 149).

Menteurs par nature sont les démons terrestres, parce qu'ils sont loin de la connaissance de Dieu et remplis de la matière ténébreuse. Si tu veux, au milieu d'eux, recevoir un discours vrai, prépare un autel et sacrifie une pierre mnizouris. Cette pierre a la puissance d'évoquer un autre démon plus grand, qui s'approche invisiblement du démon matériel et profère la vérité sur les questions posées, en répondant à l'interrogateur. Et (l'oracle) indique le nom évocateur en même temps que le sacrifice de la pierre. Le Chaldéen distingue entre bons et mauvais démons ; mais notre pieuse doctrine définit que tous sont mauvais, car par leurs chutes volontaires ils ont échangé la bonté contre la malice.

« **Apprends l'intelligible, car il subsiste hors (des prises) de l'intellect** » (humain) (fr. 1).

Bien que l'intellect comprenne tout, Dieu, le premier intelligible, échappe aux prises de l'intellect ; non par sa distance, ne va pas t'imaginer cela, ni par une altérité intellectuelle, mais seulement en vertu de la transcendance intelligible et de la particularité de son existence, qui est au-delà de tout intellect ; ce qui montre son caractère suressentiel. Car cette essence est l'intellect premier et intelligible, hors duquel est l'intelligible en soi ; mais Dieu est au-delà de l'intelligible et de l'intelligible en soi. Le divin, nous ne le disons ni intelligible ni intelligible en soi. Car il est supérieur à toute parole, à toute pensée, comme entièrement impensable et inexprimable, et mieux honoré par le silence qu'il ne serait glorifié par des mots d'admiration. Car il est au-dessus même de la glorification, de l'expression, de la pensée.

« Les iynges, quand elles sont pensées par le Père, pensent elles aussi, mues à penser par ses conseils indicibles » (fr. 77).

Les iynges sont des puissances formées, après l'abîme paternel, de trois triades; le Père les pense selon l'intellect paternel, qui s'est proposé, en lui-même, leur cause sous le mode de l'unité. Mais les conseils du Père, en raison de leur excès intelligible, sont indicibles. Dicibles en effet sont les activités opératives des êtres; mais les substances elles-mêmes sont indicibles. Quant aux signes intellectuels des êtres transcendants, même s'ils sont pensés à partir des êtres inférieurs, ils sont pensés comme indicibles et comme séparés des processions intelligibles. De même, en effet, que les pensées des âmes, même si elles pensent les rangs intellectuels, les pensent comme immobiles, de même aussi les actes des intellectifs, quand ils pensent les symboles intellectuels, les pensent comme indicibles, fixés dans des existences inconnaissables.

PSELLUS

Exposition sommaire et concise des croyances chaldaïques

Ils affirment sept mondes corporels, l'un igné et premier et après lui trois (mondes) éthérés, ensuite trois (mondes) matériels, dont le dernier est dit terrestre et ennemi de la lumière : c'est le lieu sublunaire, qui a aussi en lui la matière qu'ils appellent abîme. Ils croient à un principe unique de toutes choses, qu'ils célèbrent comme l'Un et le Bien. Ensuite ils révèrent une sorte d'abîme paternel, composé de trois triades. Chaque triade comporte Père, Puissance et Intellect. Ensuite vient l'Iynge intelligible; et après elle, les assembleurs, l'un igné, l'autre éthéré, le troisième matériel. Après les assembleurs, les télétarques; après ceux-ci, les pères sources, qu'ils appellent aussi « meneurs de mondes », dont le premier est celui qu'ils appellent « transcendantalement Un »; après lui vient Hécate; puis le « transcendantalement Deux »; après lui, trois implacables; et en dernier lieu celui qui s'est ceint d'une ceinture. Ils révèrent aussi une triade source de foi, de vérité et d'amour. Ils affirment également un soleil archique à partir de la source héliaque et un autre archangélique, puis une source de sensation, un jugement fontal, une source des foudres, une source des miroirs, une source des caractères qui pénètre les symboles inconnaissables ; des sommités sources, celles d'Apollon, d'Osiris, d'Hermès. Il est encore, d'après eux, des sources matérielles, une ceinture de centres, d'éléments et de songes et une âme source. Et après les sources ils mettent des principes ; car les sources sont plus archiques que les principes ; des principes générateurs de vie, celui d'en haut est appelé Hécate ; celui du milieu, âme archique ; l'extrémité, vertu archique. Il y a aussi chez eux des Hécates azones, comme l'Hécate chaldaïque des carrefours, la bambocheuse, la laveuse ; chez eux aussi, des dieux azoniques : Sérapis, Dionysos, la chaîne d'Osiris, celle d'Apollon. Et l'on appelle azones ceux qui ont pleine et libre autorité sur les zones et sont établis au-dessus des dieux visibles ; zonés, ceux qui disposent en cercles indépendants les zones du ciel et administrent les affaires d'ici-bas. Il est chez eux un genre divin zoné, qui s'est partagé les sections du monde sensible et a ceint les apanages de la région matérielle. Après les zones, il y a le cercle fixe, qui embrasse les sept sphères, où se trouvent les astres. Et autre est chez eux le monde héliaque, asservi à la profondeur éthérée (fr. 184) ; autre le (monde) zoné, qui est l'une des sept (sphères). Des âmes humaines ils posent deux causes sources, l'Intellect paternel et l'âme source. Pour eux, l'(âme) particulière procède de l'(âme) source en vertu d'un vouloir du Père, et son essence naît et vit par elle-même ; car son mouvement ne lui vient pas d'ailleurs. Si en effet, selon l'oracle, elle est part du feu divin, feu brillant, pensée du Père, elle est une forme immatérielle et autosubstantielle. Tel est en effet tout le divin, dont l'âme est une partie ; et ils affirment que tout est dans chacune des âmes, et qu'il y a pour chacune une propriété inconnaissable à symbole dicible et indicible ; et ils font souvent descendre l'âme dans le monde, pour des causes multiples : soit par perte des ailes, soit par un vouloir paternel. Ils croient le monde éternel, ainsi que les révolutions des astres. Quant à Hadès, ils le divisent de plusieurs façons : tantôt ils le nomment dieu chef de l'apanage terrestre ; tantôt c'est pour eux le lieu sublunaire ; tantôt le milieu entre le monde éthéré et le monde matériel ; tantôt l'âme irrationnelle, où ils mettent l'(âme) rationnelle, non substantiellement, mais relativement, quand celle-ci a de la sympathie pour l'autre et profère le raisonnement particulier. Les idées, d'après eux, ce sont tantôt les pensées du Père, tantôt les raisonnements universels, physiques, psychiques ou intellectuels ; tantôt les substances transcendantes des êtres. Les discours magiques, ils les composent de certaines puissances supérieures et de matières terrestres. Pour eux, il y a sympathie du monde d'en haut, surtout du monde sublunaire, avec celui d'en bas. Après ce qu'on nomme la mort ils rétablissent les âmes, en proportion des purifications personnelles, dans toutes les parties de l'univers ; il en est qu'il font monter au-dessus du monde et qu'ils définissent intermédiaires entre les natures indivisibles et les natures particulières.

De ces croyances la plupart ont été admises d'Aristote et de Platon, tandis que Plotin, Jamblique, Porphyre et Proclus les ont toutes suivies et reçues sans démonstration comme des voix divines.

PSELLUS

Esquisse sommaire
des anciennes croyances des Chaldéens

1. Pour exposer brièvement les doctrines des Chaldéens, sur lesquelles tu m'as demandé de t'écrire, je commencerai moi aussi par leur Un ineffable. **2.** Après lui, ils imaginent une sorte d'abîme paternel, composé de trois triades qui ont chacune pour premier membre le Père, pour deuxième la Puissance, pour troisième l'Intellect. **3.** Après cela, ils disent qu'il y a des (triades) intelligibles et intellectuelles, dont la première est l'iynge, après laquelle viennent trois autres (iynges) paternelles, intelligibles et inexprimables, qui divisent les mondes en trois régions : empyrée, éther, matière. **4.** Immédiatement après les iynges suivent, disent-ils, les assembleurs ; les iynges créent pour eux les unions inexprimables de toutes choses ; les assembleurs unifient les processions de la pluralité des êtres, fixant en eux-mêmes, entre les intelligibles et les intellectuels, le centre de la communauté des deux. **5.** Immédiatement après les assembleurs ils mettent les télétarques, qui sont trois eux aussi et dominent l'un sur l'empyrée, le second sur l'éther, le troisième sur la matière. Les iynges sont monades pures; les assembleurs, des monades qui déjà laissent apparaître la pluralité; les télétarques, des monades qui ont la pluralité divisée.

6. Après ceux-ci, ils croient aux pères-sources, c'est-à-dire aux meneurs de mondes, dont le premier est celui qu'on appelle le transcendantalement Un; puis vient Hécate, au second rang et au milieu; le troisième est le transcendantalement Deux; suivent les trois implacables et, en septième lieu, celui qui s'est ceint d'une ceinture.

7. Le transcendantalement Un est l'Intellect paternel considéré par rapport aux intelligibles, qui est le père de tous les intellectuels; Hécate, elle, remplit tout de lumière intellectuelle et de vie. Ces dieux sont appelés pères et meneurs de mondes comme immédiatement placés sur les mondes.

8. Hécate, elle, a autour d'elle des sources de natures diverses. Des sources placées au niveau de la ceinture la nature contribue à accomplir la fin (des choses) quand elle est soulevée sur le dos d'Hécate; des sources placées sur ses flancs, celle des âmes est à droite, celle des vertus à gauche.

9. Le transcendantalement Deux a reçu en partage, parmi les sources, un rang démiurgique, comme Hécate un rang générateur de vie; car c'est lui qui prépose au monde le modèle des idées; s'il s'appelle transcendantalement Deux, c'est qu'il est dyadique, « contenant dans son intellect les intelli-

gibles et introduisant la sensation dans les mondes » (fr. 8) ; si l'autre est dit transcendantalement Un, c'est qu'il est unitaire ; Hécate, elle, n'est que « transcendante ».

10. Les Implacables, qui ont pris en charge la puissance fulgurante des assembleurs, gardent les existences que les pères reçoivent d'en haut et conservent immaculées leurs énergies sources ; la source des dieux ceints est la cause première efficiente de la distinction intellectuelle.

11. Il y a aussi une triade de foi, de vérité et d'amour.

12. Après celles-ci viennent les sources démiurgiques, comme celle des idées, selon laquelle le monde et ce qu'il contient possèdent figure, masse, espèce et vie particulière ; puis la source du soleil, établie avant les principes héliaques ; car le démiurge est cause des principes héliaques comme Hécate (l'est) des principes générateurs de vie ; et de la source héliaque procèdent le soleil archique et le soleil angélique.

13. Ils disent encore que dans le Démiurge se trouve la source de la sensation, puisque c'est lui qui introduit la sensation dans les mondes ; il y a aussi une source cathartique, et il y a aussi des foudres, des miroirs, des rites, des caractères, des Euménides et des télétarques.

14. Dans la magie aussi, les trois pères ont rang de principe. Il y a aussi une ceinture de songes qui tient son principe de l'âme source.

15. Aux sources premières sont analogues les

premiers principes; aux moyennes, les moyens;
aux particulières, les derniers.

16. Des principes générateurs de vie celui d'en
haut s'appelle Hécate; celui du milieu, âme archique; l'extrémité, vertu archique.

17. Après le rang archique vient celui des archanges; et de tous les principes procèdent des
anges chefs.

18. Après la procession archangélique, suspendue aux principes, existe celle des azones; on les
appelle azones parce qu'ils ont pleine et libre
autorité sur les zones et sont établis au-dessus des
dieux visibles.

19. Après les zones vient le cercle fixe, qui
embrasse les sept sphères.

20. Les choses sublunaires consistent dans les
quatre éléments; il y a des rangs et des genres
divins pour chacun des éléments.

21. Après eux viennent les anges satellites des
dieux; à la suite de ceux-ci, les troupes des démons, les unes universelles, les autres particulières
jusqu'aux plus matérielles; et après eux viennent
les héros.

22. Le genre angélique a plus d'affinité avec les
dieux, lui qui dans ses fonctions d'assesseur est sur
le même rang qu'eux et qui élève les âmes jusqu'à
un certain niveau, mais non pas au-dessus du
monde; le genre qui confine aux mortels, c'est
celui des héros; dans l'entre-deux se placent les
démons.

23. Dans cette classe, un genre a une puissance

boniforme : il aide les ascensions hiératiques contre leurs adversaires; l'autre tire en bas les âmes; on l'appelle le genre « bestial et impudent » (fr. 89); tourné vers la nature, il est asservi aux dons du destin, « charme les âmes » (fr. 135) ou châtie celles qui ont été abandonnées et privées de la lumière divine; il se meut dans le gouffre, divisé en mâle et femelle.

24. De nos âmes, disent-ils, il y a deux causes sources, l'intellect paternel et l'âme source; car le Père tire l'âme de celle-ci et lui enjoint d'en procéder; tandis que l'âme source crée son être même et sa forme.

25. Quant à l'homme, en tant que composé et détenteur de plusieurs espèces qui l'apparentent aux choses irrationnelles, le Père l'a mis dans le monde (car tout composé, étant une partie du monde, est soumis au monde : le feu intellectuel, lui, vient d'en haut et n'a besoin que de sa source propre); et s'il sympathise avec le corps, fatalement il en prend soin, le voilà soumis au destin et mené par la nature.

26. Il procède, il est vrai, de l'âme source en vertu d'un vouloir du Père, et son essence naît et vit par elle-même; car c'est une forme immatérielle et autosubstantielle.

27. La matière est issue du Père, sous-tendue au corps; le corps, par lui-même, est sans qualité, mais quand il a pris des puissances diverses il se répartit entre les quatre éléments du monde, dont le monde en son tout et notre corps tirent leur figure.

28. La sommité de chaque « chaîne » (fr. 203) est nommée source; les choses contiguës, fontaines; celles qui viennent ensuite, canaux; celles qui viennent après, ruisseaux.

Telles sont, en résumé, la théologie et la philosophie des Chaldéens.

Lettre
d'un très grand sage anonyme
(Michel Italicus)

Nombreux sont les prodiges que racontent les Chaldéens, ô très savant ami, quand ils composent les radotages de leur théologie; et je ne saurais te les exposer tous; j'en rassemblerai quelques-uns parmi beaucoup, pour te servir en raccourci leur long bavardage.

L'Un est pour eux primordial, comme on le trouve aussi dans la théologie païenne, spécialement dans celle des platoniciens; c'est de là qu'ensuite maints abîmes de verbiage se répandent sur ces Barbares, qui en sont tout à fait dignes.

Il y a tout d'abord ce qu'ils nomment l'abîme paternel, constitué, d'après eux, par trois triades, dont chacune a d'abord un Père, puis une Puissance, en troisième lieu un Intellect; et dans la première triade tout se fait selon le Père, dans la seconde selon la Puissance, dans la troisième selon l'Intellect; or la Puissance est par rapport au Père intellective, par rapport à l'Intellect intelligible. Le Père lui-même est chez eux célébré comme un feu sacré; par rapport à l'Intellect il est intelligible; par rapport à la Puissance, en revanche, c'est un père; et de même que la première source est en toutes choses intelligiblement, de même la seconde l'est à la fois intelligiblement et intellectivement; mais c'est selon le (seul) mode intellectif que la troisième se caractérise. Le mélange des deux, je veux dire à la fois intellectif et intelligible, épanche d'abord la première iynge; après elle, les trois iynges, qu'ils appellent paternelles et indicibles; et ce que l'Un est dans les abîmes qui viennent après lui, la première iynge l'est dans les iynges suivantes; ce que la première triade est dans les intelligibles, la seconde l'est dans ce qui est à la fois intelligible et intellectif; comme, par exemple, le sont les causes archiques au premier chef et secrètes.

Les sources des indicibles divisent les mondes en trois catégories : igné, éthéré, matériel; après les iynges, ils rangent leurs assembleurs, qui sont au nombre de trois; ils disent des iynges indicibles qu'elles forgent l'unité universelle; des assembleurs, qu'ils ramènent à l'unité les processions du multiple et qu'ils unissent les dieux entre eux; car au milieu d'eux ils ont fixé le centre et c'est pourquoi on les dit assembleurs. Après ceux-là ils façonnent les trois télétarques : igné, éthéré, matériel; le troisième est pour eux limite de ce qui est à la fois intelligible et intellectif; ils les placent comme gardiens à la tête de toutes les sources; et ils en font dériver les perfections de tous les êtres; les iynges ne sont que monades; les assembleurs sont des monades qui mettent au jour le multiple.

Les télétarques maintiennent le multiple divisé et comme diffusé et avançant pour ainsi dire en progression; (les Chaldéens) mettent (dans les ïynges) leur arrangement central; après les télétarques, ils constituent les pères sources et les dispositions des sources intellectives, qu'ils appellent aussi les sept foudres : ce sont d'abord les trois meneurs de mondes, qui occupent un certain rang, le transcendantalement Un, puis le transcendantalement Deux, enfin, entre eux, Hécate; après eux, les trois Implacables; en septième lieu vient celui qui s'est ceint, limite des sept foudres; avant cette hebdomade ils établissent l'hypercosmique et imparticipé.

Le transcendantalement Un est Intellect paternel et père de tous les intellectifs; c'est comme une puissance ineffable qu'ils célèbrent Hécate, déesse de tous les meneurs de mondes; ils font ce conte invraisemblable qu'elle remplit tout d'une lumière intellectuelle; et ils appellent tous ces dieux meneurs de mondes comme montant l'ensemble des mondes qu'ils dirigent constamment; chez eux, le transcendantalement Deux se communique aux mondes et dissémine de « libres lumières » (fr. 125), pour emprunter leurs expressions. Que serait-ce si je parlais de la chevelure d'Hécate, de ses tempes, de ses flancs, des sources qui entourent sa tête et de ses ceintures? Ce serait, naturellement, dériver le propos vers des thèmes et des concepts étranges : je pense à la source pleine de feu, à la dragonne qui vient ensuite avec sa ceinture

de serpents; d'autres, en partant de ce composé,
l'appellent « à la ceinture de serpents tortueux »;
et celle qui suit, léonine.

Après cela, les Barbares, dont l'audace ne recule
devant aucune fiction, suspendent la nature elle-
même au dos d'Hécate; ils dérivent de son flanc
droit la source de l'âme; de sa gauche ils font
couler le fleuve des vertus; et ils distinguent
d'autres sources ineffables et des canaux plus parti-
culiers; telles les sources démonique et angélique,
comme ils les appellent; et pour en parler plus
clairement, parmi les meneurs de mondes mêmes
le transcendantalement Un est unitaire et dominé
par l'Un; dyadique est le transcendantalement
Deux; quant à Hécate, elle est dite seulement
« transcendante »; car chez eux « Un » et
« Deux » n'indiquent pas un rang mais une activité, qui pour l'un est de la forme de l'Un, pour
l'autre multiple; au vrai, par le rang, le transcendantalement Deux vient en troisième lieu; ce qui
vient en second lieu, c'est Hécate.

Il faut le savoir : de même que autres sont les
éléments d'Hécate, comme la chevelure, les
tempes, la tête, les flancs (ce sont ses sources),
autres ses attributs, comme le tour de tête et la
ceinture (car ce sont pour elle des ornements, non
des parties intégrantes), de même aussi le transcendantalement Deux a une multitude de sources, les
unes autour de lui, les autres en lui : la source des
idées, celle de la foudre, celle des miroirs, et
d'autres plus prodigieuses; les assembleurs

gardent les substances au-dessus des pères eux-
mêmes; les Implacables conservent intactes toutes
leurs activités et celles des sources; chacun des
meneurs de mondes a une triade implacable, mais
le premier sous le mode igné, le second sous le
mode éthéré, le troisième sous le mode matériel.
La dernière des sept sources est celle des ceints,
cause primordiale de la distinction intellectuelle;
elle est aussi cause de l'altérité, comme les Implacables le sont de l'identité et les meneurs de
mondes le sont, souverainement, des substances.

Il ne faut pas s'étonner, dit l'interprète de pareils
radotages si unique est la source des distinctions,
tandis qu'il y a des triades d'Implacables et de
meneurs de mondes; car dans les sources, pré-
tendent-ils, ce qui unifie a le dessus, ce qui divise le
dessous; comme dans les canaux qui dérivent des
sources, en sens inverse, les genres qui divisent
prédominent, ceux qui unifient ont un rang plus
humble; mais si ceux qui se sont ceints s'appellent
chez eux Titans, serait-ce que les Grecs constituent
à partir d'eux leur théologie orphique ou qu'à
partir d'Orphée les Barbares façonnent mythique-
ment leurs monstruosités? On pourrait en dire
bien plus long sur les radotages chaldéens; mais à
qui les rapporte il est impossible d'en finir.

NOTES

Fr. 1

1. « Fleur de l'intellect » : c'est la faculté qui nous permet d'atteindre l'union (*henōsis*) avec l'Un.

2. Ce « mais » traduit le texte de Damascius («ni» rendrait une correction de Thilo, adopté par Kroll et Festugière) : que la flamme de l'intellect ne puisse « mesurer » le Premier Intelligible n'exclut pas qu'elle l'atteigne en quelque manière; ou bien doit-on admettre chez l'auteur une contradiction? En fait, les *Oracles* semblent avoir admis « l'intériorité réciproque de l'intelligible et de l'intelligence » (P. Hadot).

Fr. 2

1. « Symbole » et en même temps « cri de guerre », selon le jeu de mots que H. Lewy voit ici.
2. Ces « canaux de feu » sont les rayons solaires.
3. Cette « concentration » prépare la vision théurgique.

Fr. 3

1. « C'est-à-dire son essence propre de Dieu suprême » (Festugière, IV, p. 132). La « Puissance du Père » est identique au Dieu Fils (id., III, p. 54, n. 2); « le Premier Dieu est purement Père, caché en lui-même, et, de ce fait,

inconnaissable » (*ibid.*, p. 54) : « il s'est ravi en lui-même, sans rien communiquer de ses propriétés de Père même au Dieu Second » (*Ibid.*, IV, p. 272, n. 7).

Fr. 4

1. « De (ce) vers Proclus et Damascius tiraient une triade "existence-puissance-intellect" pour eux l'équivalent d'"être-vie-pensée" (*In Tim.*, I, 17, 23, etc.) ». Le commentaire qui, dans la *Théologie platonicienne*, précède la citation (VI, p. 365 P) distingue : « le Premier, qui est paternel, est partout ; la puissance, qui est propre à celui du milieu ; le *nous* qui achève la perfection de la triade ; car la puissance est avec Lui ; quant au *nous*, il vient de Lui ». Le *nous* séparé du Père n'est pas le *patrikos nous* (souvent identique au Père), mais l'émanation de celui-ci, le *nous* démiurgique.

Fr. 5

1. Le « monde igné » (l'empyrée), œuvre du second Dieu, diffère du monde des Idées, que pense le premier Dieu.

Fr. 6

1. Ce « qui a (ou « s'est) ceint » est l'Hécate-Âme du monde, dont A.-J. Festugière montre le rôle d'intermédiaire à la fois dissociant et unifiant entre les deux « au-delà » ; le commentaire de Proclus à la *République* : « source intellective de la dissociation des êtres, que la théosophie barbare a coutume d'appeler « qui a (ou « s'est) ceint ». Cf. fr. 189 et n. 1.

Fr. 7

1. Le Premier Dieu s'est retiré en lui-même (fr. 3). « Les *Oracles* (le) présentent à la fois comme caché, presque inconnaissable, et comme susceptible d'être vu par l'Intellect humain purifié » (Festugière, IV, p. 132). Le *deuteros*

nous n'est pas le *noûs simpliciter*, lequel est distinct du Père, le *prôtos*, comme le *nous* qui en procède, sont l'un et l'autre distincts du Père : il y a donc trois grandeurs, au lieu des deux de Kroll.

Fr. 8

1. « Le premier Dieu ? » (A.-J. Festugière).
2. « Le deuxième Dieu » (id.).
3. Ces mondes doivent être les astres.

Fr. 10

1. « Le Père est feu et esprit; il est aussi monade » (Kroll). Tous les textes qui vont suivre illustrent ce triple aspect.

Fr. 15

1. Cf. Platon, *République*, II 379 B-C; X 617 E 5.
2. Cf. dans le *Poimandrès* hermétique (*Corp. Herm.*, t. I, p. 16, 22 Nock-Festugière), au traité VII (*ibid.*, 81, 5) et (*ibid.*, I, 15).

Fr. 16

1. Le silence du Père (ou des pères) est le séjour des dieux transcendants, appelé aussi « abîme » (cf. fr. 18).
2. « Dans la théologie chaldaïque, "pères" peut désigner les trois membres horizontaux », la triade supérieure.
3. Cette nourriture divine vient du *Phèdre*, 247 D 1.

Fr. 17

1. Cf. le fr. 16.

Fr. 18

1. « Début d'un hymne chaldaïque, très probablement adressé aux dieux planétaires » (H. Lewy).

Fr. 19

1. C'est-à-dire le Père.

Fr. 20

1. Il s'agit toujours de l'Intellect divin. « Dans la discussion sur le point de savoir si les Formes sont extérieures au Démiurge ou au-dedans de lui (comme ses Pensées), Proclus, avec les *Oracles chaldaïques*, adopte la seconde solution » (A.-J. Festugière).

Fr. 21

1. « La restriction sert à exclure le panthéisme stoïcien » (H. Lewy).

Fr. 22

1. « C'est-à-dire le deuxième Dieu » (A.-J. Festugière). Les néoplatoniciens voudront que chaque terme médiateur soit toujours triple.

Fr. 23

1. Pour les Chaldéens, les « mesures éternelles » sont les Idées; cf. Jamblique, *De myst.*, I 21.

Fr. 24

1. Cf. Platon, *Lois*, IV, 715 E 7-716 A 1.

Fr. 25

1. Simultanéité du vouloir divin et de son exécution. L'*Asclépius* hermétique, 8 (p. 305, 12-14 N.-F.), en donne une des meilleures formules : « voluntas... dei ipsa est summa perfectio... »; autres textes dans les notes *Corpus hermet.*, t. II, Paris, 1945, p. 365, n. 76.

Fr. 30

1. « Contient » et « maintient unies » : *synechein*, comme le latin *continere*, a ce double sens.

Fr. 31

1. Une monade (la monade paternelle) et une dyade, selon les commentateurs néoplatoniciens (H. Lewy).
2. « On ne sait à quelle triade attribuer l'oracle » (A.-J. Festugière).
3. Au niveau de la seconde triade, les intelligibles admettent une mesure.

Fr. 32

1. Il s'agit de la Pensée pensante (A.-J. Festugière).
2. Les « assembleurs » (« mainteneurs » A.-J. Festugière), souvent associés aux gardiens (fr. 82), viennent après les iynges et avant les télétarques dans la hiérarchie chaldaïque ; cf. fr. 177 et l'*Exposition sommaire* (*infra*, p. 96).

Fr. 33

1. Épithète appliquée ici au Démiurge.
2. « De l'empyrée » (A.-J. Festugière).

Fr. 34

1. C'est-à-dire de la « sources des sources » que Proclus vient d'attribuer aux *Oracles* ; cf. fr. 30.
2. Texte important pour la formation de la matière, que Psellus *infra*, p. 103, § 27, dit « issue du Père ».
3. La différenciation se fait par la distinction des quatre éléments ; cf. Platon, *Timée*, 32 C.
4. Sur la « fleur du feu », à rapprocher de la « fleur de l'intellect », cf. le fr. 35, 3.

5. Les mondes sont les astres.

6. C'est-à-dire à partir des mondes-astres; d'où le fatalisme astral (cf. A.-J. Festugière).

Fr. 35

1. « La fleur du feu est le feu tout-puissant, qui a pris une ceinture » (A.-E. Chaignet).

2. Le souffle ou pneuma, plein de force et de violence irrésistible, est placé au-delà des pôles ou des mondes de feu. Selon H. Lewy, il s'agirait des quatre points cardinaux localisés sur la sphère des fixes.

Fr. 37

1. Les Idées primordiales sont les pensées du Dieu suprême; elles constituent la forme spirituelle sur laquelle le monde visible est modelé, tandis que les Idées particulières (« partagées ») informent la matière amorphe (H. Lewy, p. 111-112).

Fr. 38

1. Sur ces pensées, cf. fr. 37, v. 1-2 et 13 et la note 1.

Fr. 39

1. Identification probable du Père et de l'Intellect paternel.

2 Cf. *Timée* 31 C 2, 41 B 5 et *Épinomis* 991 E 5, 984 C 2.

3. Ce sont les astres.

Fr. 40

1. Ces « principes » sont les « dieux jeunes » du *Timée*, 42 D 6.

Fr. 42

1. Ce feu supérieur est celui des Idées du premier Intellect.

Fr. 47

1. Les Chaldéens ne séparaient pas l'espérance des trois vertus énumérées au fr. 46.

Fr. 48

1. Lobeck a vu qu'il s'agissait des trois causes : foi, vérité, amour. P. Hadot distingue dans cette triade « un état d'immobilité initiale, qui est existence ou être pur et qui est le Père ; un mouvement de sortie, qui est vie, altérité, infinité ; enfin un mouvement de retour, qui est pensée... A l'existence, à la vie, à la pensée, Porphyre a fait correspondre dans son exégèse des *Oracles chaldaïques* le Père, la Puissance et l'Intelligence » (P. Hadot, in *Entretiens sur l'antiquité classique*, Vandœuvres-Genève, XII, 1966, p. 137-138)

Fr. 49

1. Il s'agit de l'*Aiôn* déifié ; cf. A.-J. Festugière, *La Révélation...*, t. IV, p. 152-199.

Fr. 50

1. Ce fragment et les suivants concernent Hécate, déjà visée peut-être par le fr. 6. Que désignent les « Pères » ? Pour A.-J. Festugière (*Révél.*, III, p. 57), les Pères sont les deux premiers Intellects ; Hécate formerait une syzygie avec le Premier Dieu ou même serait un troisième Dieu « unissant les deux premiers ». Hécate est la « déesse vivifiante » de Proclus et de Damascius.

Fr. 51

1. « Les âmes, en dernière analyse, sont issues du Dieu suprême » (A.-J. Festugière, p. 58).
2. « Les Chaldéens divisaient l'univers en mondes

empyrée, éthéré et matériel » (H. Lewy). Il faut convenir, avec A.-J. Festugière (*Proclus, Rép.*, III, p. 151, n. 2), que le fragment reste « très mystérieux. Kroll renonce à comprendre. Pour un essai d'explication, cf. H. Lewy... »

Fr. 53

1. Si l'on interprète cet oracle d'après Arnobe, II 25 « anima... immortalis perfecte divina, post deum principem rerum et post mentes geminas locum obtinens quartum », Hécate (= l'Âme hypostase) ne vient qu'au quatrième rang; cf. Festugière, *Révélation*, III, p. 58; mais d'autres fragments laissent dans le doute : 7, 8, 38-40.

Fr. 54

1. C'est toujours Hécate, la « déesse vivifiante »; cf. fr. 50, n. 1.
2. La lune est le séjour d'Hécate considérée comme « nature ».

Fr. 55.

1. Cette chevelure était d'ordinaire formée de serpents.

Fr. 57

1. D'après l'*Exposition chaldéenne* de Psellus *infra* p. 95, les « sept firmaments » sont des mondes corporels.

Fr. 58

1. L'ordre « chaldaïque » plaçait le soleil au milieu des sept planètes.

Fr. 61

1. Ces « fanfares » comprennent les vrombissements, fréquents dans les *Oracles*; cf. fr. 37, v. 1 et 9; fr. 107, v. 6.

Fr. 65

1. A propos de ces vers sans contexte dont il déplore

l'obscurité, W. Kroll définit les « canaux » comme « des voies qui font descendre du Dieu au monde le feu nourricier qui contient tout » ; cf. fr. 66 et 110.

Fr. 66

1. Les canaux feraient penser au feu solaire du fr. 65.

Fr. 67

1. L'éther équivaut ici à l'air (A.-J. Festugière).

Fr. 69

1. Cet élément corporel est « la matière » qui « pénètre à travers le monde entier, comme le disent les dieux » (trad. A.-J. Festugière).

Fr. 70

1. Dans le contexte de Damascius « la nature est cette vie qui, passant en toutes choses, est suspendue à la grande Hécate ».

2. Ce sont les astres.

Fr. 72

1. Athéna, à qui Proclus adressera son *Hymne VII*, est ainsi décrite dans les *Lois* de Platon, VII 796 C 1. Mais ici c'est Hécate qui se présente au théurge ; cf. fr. 219, 221, 222.

Fr. 73

1. Ce sont les « trois Pères » dont Damascius vient de parler, identiques aux trois « maîtres » du dernier vers ; cf. H. Lewy, pour qui « les trois cercles du monde sont étroitement rattachés à trois planètes », soleil, terre, et la planète « sacrée » innommée.

Fr. 74

1. Cf. *Phèdre* 245 C 10.

Fr. 75

1. Les iynges : cf. fr. 76; d'après Damascius, les télé-tarques.
2. « Canal » équivaut au « stade » du fr. 73, v. 1, et désigne comme ce mot le mouvement des astres.

Fr. 76

1. Les iynges, qui forment une triade avec les assem-bleurs et les télétarques (Damascius).
2. Ces trois sommités « sont assignées aux télétarques » (H. Lewy). Cf. fr. 82, v. 1.

Fr. 77

1. Comme les Idées dans presque toute la tradition du moyen platonisme.

Fr. 78

1. La locution « transmetteur de message » peut venir de Platon, *Banquet*, 202 E 3 et *Epinomis*, 984 E 4.

Fr. 80

1. Les « assembleurs » forment une triade qui précède celle des *télétarches* et fait suite à celles des iynges. Damas-cius leur assigne une fonction de « garde ».

Fr. 82

1. Sur cette fonction, cf. fr. 80, n. 1.
2. Cf. fr. 76, v. 2 et n. 2.

Fr. 84

1. C'est, d'après le contexte de Proclus, le « premier assembleur », qui relie tout par la sublimité de son exis-tence, c'est-à-dire par le caractère paternel.

Fr. 86

1. Chez Proclus (*Théologie platonicienne*, IV, 16), ce mot désigne les dieux « maîtres d'initiation ». Comme tous les composés ainsi formés, il présente un « aspect militaire ».

Fr. 88

1. Sur la foi de Proclus, Psellus semble parfois admettre de bons démons : ainsi *Hypotyp.*, 23 *infra*, p. 102-103.

Fr. 89

1. Il s'agit des mauvais démons.

Fr. 90

1. D'après l'exégèse de Psellus, ce sont les démons de la matière.
2. Cf. Jamblique, *De mysteriis*, III, 22.

Fr. 91

1. Ce sont toujours les démons sans raison du fr. 90, meute d'Hécate chasseresse.

Fr. 94

1. Sujet sous-entendu : le démiurge (H. Lewy); comparer *Timée*, 30 B 5.
2. C'est l'Âme du Monde.
3. « Nous », c'est-à-dire les âmes particulières, qui, d'après Lewy, « répondent à la question du théurge sur leur existence avant leur entrée dans les corps humains et après »; pour Festugière, c'est l'Âme du Monde qui parle.

Fr. 95

1. D'après Proclus (*Commentaire du Timée*, II 255,

26 ss.), Platon fait révéler par le Démiurge « le signe magique essentiel de l'Âme, les deux traits séparément, le X qui en a résulté et les deux cercles qui en dérivent. Toutes choses que la théurgie aussi, après Platon, a manifestées quand elle a entièrement composé le signe magique de l'Âme au moyen de figures en X » (trad. A.-J. Festugière). Le X est dans le *Timée*, 36 B 8.

Fr. 96

1. « Les âmes, en dernière analyse, sont issues du Dieu suprême » (A.-J. Festugière).

Fr. 98

1. Peut-être le théurge.
2. Vers anonyme cité par Boèce, proche pour le sens des fr. 94 et 130.

Fr. 99

1. Il s'agit des âmes soumises au devenir et au corps, (*Asclepius*, 12).

Fr. 100

1. Il s'agit de la matière, opposée à la plaine de Vérité comme l'est, dans la *République* (X 621 A), la plaine de l'Oubli (*Lèthè*). J'hésite à traduire « aride », comme H. Lewy (p. 297, n. 143) : la matière néoplatonicienne, peuplée d'êtres « aquatiques » (fr. 92), est ordinairement du côté de l'humide.

Fr. 101

1. Dans le contexte de Proclus (*In Tim.*), « l'image de la nature » est la lune.
2. Cf. le fragment suivant.

Fr. 102

1. Nécessité, nature, destin ne font qu'un dans de nombreux textes réunis par W. Kroll.

Fr. 104

1. C'est le « véhicule » : le corps astral (fr. 201).
2. « La surface » ou « le carré » : « ne fais pas du plan un solide » ; A.-J. Festugière rapproche ce texte de *Comm. sur le Timée* II, 250, 6-7, qu'il traduit ainsi : « Puisque ce sont des cercles, ils acquièrent une troisième dimension conjointement au corps ».

Fr. 107

1. L'idée cheminera jusqu'à Pascal (*Pensées*, fr. 843 Brunschwig) : « Ce n'est point ici le pays de la vérité, elle erre inconnue parmi les hommes ».
2. « Tables astronomiques ou chronologiques » (A.-J. Festugière).
3. Cf. fr. 165.
4. Ou, selon la variante de Damascius, en sous-entendant le verbe : « Où (règnent) vertu, sagesse et la rectitude ingénieuse ».

Fr. 108

1. Ou « dans les âmes », selon la variante dont témoignent Proclus et Psellus.
2. Cf. Platon, *Phèdre*, 250 B-D.

Fr. 111.

1. Le « centre » est ici le soleil, « cœur des planètes ». De même, l'Âme du Monde « contient en elle-même le centre de la procession de tous les êtres » (Proclus, *Comm. sur le Timée*, II 130. 27-28).

Fr. 116.

1. Mot des *Oracles* ; « L'image repose en dernière analyse sur la conception platonicienne du corps, vêtement de l'âme ».

Fr. 117.

   1. Il s'agit des âmes.

Fr. 119.

   1. Dans le contexte de Hiéroclès, cette force soulève l'âme pour « s'envoler d'ici-bas ».

Fr. 120.

   1. Voilà au moins un texte où le « véhicule » apparaît au sens chaldaïque de « corps lumineux ».

Fr. 121.

   1. C'est le premier degré de la prière.

Fr. 124.

   1. Ce sont les « extatiques ». La paraphrase de Psellus éclaire ces mots obscurs.

Fr. 126.

   1. « Celle des âmes », d'après Proclus.

Fr. 129.

   1. Cette « amertume » de la matière s'accorde avec l'océan des passions, la « mer de dissemblance », qui a une si longue histoire depuis le *Politique* (273 D 7).

Fr. 130.

   1. Peut-être faut-il placer au début du fragment un hémistiche à tirer de la ligne précédente du *Comm. sur le Timée* : « ayant compris les œuvres du Père ».

Fr. 131.

   1. Ce serait l'hymne que les âmes chantaient en remontant à leur séjour céleste (Olympiodore).

Fr. 132.

   1. Devant l'ordre « ineffable » du monde supracéleste,

le myste est invité au silence, comme à Éleusis et dans tous les mystères.

Fr. 133.

1. Les actes de la théurgie.

Fr. 134.

1. « Cet oracle donne des consignes pour la remontée des âmes, qui implique un détachement ou un arrachement à ce monde d'en-bas, décrit comme le lieu de toutes les pestilences dues à la matière ».

Fr. 135.

1. C'est-à-dire les mauvais démons.

Fr. 139.

1. C'est la connaissance de toutes les classes des dieux, première étape de la prière parfaite d'après Proclus dans l'introduction au fragment.

2. « Non pas seulement au sens métaphorique ("brûlante"), mais au sens propre, puisque, dans la doctrine des *Or. Chald.*, l'âme est elle-même une étincelle du Feu divin, et qu'elle doit se laisser réchauffer par ce Feu pour remonter à son principe » (A.-J. Festugière).

Fr. 141.

1. Si l'instrument (l'iynx) de l'évocation est tourné vers l'extérieur, cela libère les (dieux) évoqués ; cf. Damascius. « Le théurge qui tourne son esprit vers des pensées terrestres est incapable de retenir le dieu évoqué et de prévenir son évasion » (H. Lewy) ; « il fallait mettre dans ces prières et ces formules une ardeur de foi intense, une volonté énergique, sans quoi les dieux se dérobaient au charme magique et étaient *délivrés* des « contraintes » qui les

retenaient. La faiblesse d'esprit, le manque de volonté et de foi, chez le théurge, dans cet acte liturgique était la délivrance du dieu. » (A.-E. Chaignet).

Fr. 142.

1. C'est-à-dire les oppositions personnelles des dieux invoqués.

Fr. 144.

1. C'est-à-dire dans la lumière supérieure à l'empyrée (cf. A.-J. Festugière, *Proclus, Rép.*, III, p. 338, n. 4); mais, d'après d'autres oracles, les manifestations se font dans l'éther.

Fr. 146.

1. C'est Hécate qui parle; d'où peut-être cette fréquente mention du cheval, qui était un de ses symboles.

Fr. 147.

1. C'est toujours Hécate qui informe le théurge des divers rites magiques (H. Lewy); le fragment fait suite au précédent.

Fr. 149.

1. Autre étape du rite.
2. Mot d'origine orientale?

Fr. 153.

1. C'est-à-dire à la génération et à la corruption; il ne s'agit pas de fatalisme astral (H. Lewy).

Fr. 155.

1. Cf. Platon, *Phédon*, 81 C 5. C'est l'obstacle que Plotin (VI, 9, 4, 22) signale à la montée de l'âme.

Fr. 156.

1. Cf. les fr. 90-91.

Fr. 157.

1. Dans la paraphrase de Psellus, c'est le corps humain.
2. De même, les bêtes terrestres sont les démons.

Fr. 158.

1. C'est-à-dire, d'après la paraphrase de Psellus (*infra*, p. 68-69), ce monde terrestre.

Fr. 159.

1. « Maudites » (Kroll), « impures » (Dodds, pour qui, comme pour Kroll, il s'agirait de « ceux qui ont connu une mort violente », non d'initiés chaldaïques). Avec la leçon de Psellus et dans son interprétation, les Chaldéens conseilleraient le suicide ; mais Lewy admet un « suicide mystique volontaire ».

Fr. 160.

1. C'est la conception d'Ammonius : une métempsycose sans passer par des corps d'animaux. On la retrouve chez Porphyre, chez Augustin, *Cité de Dieu*, X 30.

Fr. 163.

1. Les néoplatoniciens tardifs identifient cet abîme à la matière.

Fr. 164.

1. Ce sont, pour Psellus, les sept sphères planétaires.

Fr. 168.

1. Il s'agirait du Soleil, auquel trois planètes de chaque côté forment comme des ailes.

Fr. 169.

1. Chez Porphyre, le « transcendentalement un » est

l'Un le Bien, et la traduction la plus exacte serait celle de P. Hadot : « transcendant sous un mode monadique (dyadique) ».

Fr. 173.

1. D'après Lydus, c'est Aphrodite; les *Oracles* l'appellent aussi « étoilée » et « céleste ».

Fr. 174.

1. Pour les *Oracles*, c'est Hécate; cf. fr. 32.

Fr. 175.

1. Si le Père est ainsi désigné, ce fragment, comme le fr. 7, « se rapporterait à la relation entre la conception de la formation du monde et sa réalisation » (H. Lewy).

Fr. 176.

1. Le « seuil » est celui que franchit l'initié.

Fr. 179.

1. La « coupure » ou division de l'intelligible est au principe de toute séparation. D'après le commentaire de Proclus sur la *République* (II, 296, 7-11), des anges décapent l'âme en en retranchant la matière; d'après le commentaire sur le *Timée*, ils « effacent » ainsi « les souillures issues de la génération » (I, 155, 32; 221, 30-31; III, 300, 18; cf. *In Cratyl.*, 71, 18) et « coupent court aux entreprises abusives de la matière » (I, 38, 2-3).

Fr. 185.

1. C'est l'Aiôn; d'après plusieurs textes de Proclus, et de Simplicius, les Chaldéens l'honoraient comme dieu.

Fr. 188.

1. C'est-à-dire les orbites des planètes (A.-J. Festugière).

Fr. 189.

1. Épithète d'Hécate. C'est que la déesse regarde à la fois le monde intelligible, dont l'intellect l'éclaire, et le monde sensible, auquel elle transmet sa lumière.

Fr. 190.

1. Épithète des rayons du Soleil, qui « élèvent » les âmes (Julien); Damascius l'applique au salut conçu comme une « montée »; Proclus, « aux Puissances ».

Fr. 191.

1. « Pour les Chaldéens, la cause première est ce qu'il y a de plus indicible » (Psellus).

Fr. 192.

1. Simplicius nous apprend que les *Oracles* qualifient ainsi le Ciel.

Fr. 193.

1. « Les âmes hypercosmiques elles aussi seront dites être véhiculées sur de certains corps hypercosmiques de nature éthérée et ignée. ».

Fr. 194.

1. « Peut-être Mithra » (A.-J. Festugière).

Fr. 196.

1. « Terme habituellement employé par les platoniciens pour désigner ce qui est matériel » (H. Lewy).

Fr. 197.

1. Appliqué, d'après Damascius, aux deux triades de l'ordre intelligible et des télétarques.

Fr. 198.

1. C'est l'Œuf primordial orphique représenté par le relief de Modène.

Fr. 199.

1. Épithète du temps (fr. 185).

Fr. 200.

1. D'après Damascius, il s'agit du feu, « jeté au milieu » des sept maîtres de mondes, c'est-à-dire du soleil au centre des sept planètes.

Fr. 205

1. Le mot est « sans doute biblique (les Septantes), mais se trouve aussi dans les *Oracles* » (A.-J. Festugière).

Fr. 206

1. Voir Fr. 208 et n. 1.

Fr. 208

1. Il s'agit de la conjonction d'un magicien avec un dieu. Parmi les pratiques qu'il attribue à Proclus, Marinus mentionne celle-là à côté de la « supplication » et des « toupies indicibles » (fr. 206).

Fr. 210

1. Nom que les dieux, d'après l'*Iliade* (14, 291), donnent à cet oiseau inconnu ; les hommes, eux, l'appellent « cyminde » : mot d'origine asianique ? ; le *Cratyle* (392 A) le prenait comme exemple ; Proclus le met en rapport avec la magie.

Fr. 211

1. C'est probablement Hécate qui parle, comme dans les

fragments, également douteux, cités par Nicéphore Grégoras (*infra*, fr. 218 sv.).

Fr. 213

1. Le motif remonte au *Théétète* de Platon (176 A 8-B 1) et s'exprime dans la formule lapidaire qui termine nos *Ennéades* (VI, 9, 11, 79).

Fr. 215

1. Ou « dans l'air » (Kroll); si le texte est sain, on comparera Ménandre, sur le démon « mystagogue de vie »; mais Ménandre nie l'existence d'« un génie qui nuise à l'homme », en quoi il paraît critiquer Xénocrate (fr. 83 Heinze). Ajouter Proclus, *In Alc.*, p. 73, 5-8 W. : un seul démon pour les âmes parfaites, deux pour les imparfaites.
2. Cf. *Il.*, 24, 528. Mais ni chez Platon ni dans le néoplatonisme Dieu n'est l'auteur du mal.
3. Malgré une certaine élégance, le fragment, assez plat, n'a rien de la vigueur chaldaïque.

Fr. 216

1. Épithètes d'Aphrodite assimilée à la « matière primordiale » (fr. 173). La présence de ces épithètes serait en faveur d'une origine chaldaïque; mais le v. 4 au moins passait pour « orphique ».

Fr. 217

1. Ici se placent quatre lignes de prose, question du « prophète » au dieu et introduction à la réponse de celui-ci. A vrai dire, les vers 4-7 pourraient suivre directement le v. 3; mais l'expression « formulés plus longuement » donne à croire que Proclus abrège l'oracle.
2. Même mépris des sacrifices, fr. 107, v. 8.

Fr. 218

1. Le dieu invoqué pourrait être Apollon-Hélios.

2. Description du sort des élus : les théurges ?

Fr. 219

1. L'apparition aurait donc lieu le matin.
2. C'est Hécate qui parle.
3. Premier fragment d'une série de six : cependant on ne peut avec certitude appeler « chaldaïques » ces fragments ; la comparaison avec les pièces qui nous paraissent incontestables devrait aboutir à ce doute, que nous étendons à l'ensemble des oracles porphyriens comme à la *Théosophie de Tübingen.*

Fr. 220

1. Formule homérique : *Il.*, 1, 37...
2. D'après l'introduction de Nicéphore, c'est « un autre dieu » qui parle (Apollon d'après Théodoret) ; le masculin exclut Hécate.

Fr. 223

1. Ce sens, courant ailleurs de *iunx*, mais inconnu des oracles « authentiques », ferait douter de notre fragment.
2. L'éditeur voit ici les démons de l'air, intermédiaires entre ceux de l'éther et ceux de la terre (lesquels sont les mauvais démons).

Fr. 225

1. Si le médium est impuissant « désormais » à « garder » le dieu captif, le théurge n'a plus qu'à « délier » celui-ci.

Fr. 226

1. C'est ainsi, d'après Proclus (*Comm. sur le Timée*), que « les théologiens... célèbrent le Dionysos de là-bas », mais Dionysos ne figure pas parmi les divinités sûrement « chaldaïques ».

Proclus

1. Cf. Jamblique, *Mystères de l'Égypte*, II 6 (p. 81, 6 ss.)
2. Cf. Platon, *Théétète*, 184 A 4.
3. Id., *ibid.*, 176 A 6-7.
4. Cf. Platon, *République*, VI, 508 B.
5. Ce passage distingue le Père des intelligibles et l'Un suprême, ailleurs peut-être identifiés : cf. fr. 11 et n. 1.
6. Cf. *Phèdre*, 252 C et E ; 253 B.
7. Nous imprimons comme sixième fragment, un texte de Proclus transmis par Psellus dans son *Accusation de Cérulaire*, et qui provient probablement du *Commentaire sur les Oracles*.
8. Cf. Jamblique, *Des Mystères*, III 2.

Psellus
Commentaires des Oracles chaldaïques

1. Le choix des citations que Psellus emprunte aux *Oracles* témoigne d'une tendance à les organiser en système philosophique.
2. C'est l'empyrée, monde supérieur des *Oracles*, l'éther, où les justes retournent après la mort selon une doctrine commune dès les VIᵉ-Vᵉ siècles.
3. « Translunaire » paraît synonyme du « supralunaire » rencontré un peu plus haut (cf. n. 2).
4. Titre traditionnel : *Sur la sortie rationnelle* (*Ennead.* I 9).
5. *Ennead.*, I, 9 serait le seul cas où Plotin citerait les *Oracles*. A.H. Armstrong suggère une autre possibilité : l'*Oracle* aurait été emprunté après coup à Plotin. Mais quand celui-ci écrivait, les *Oracles* existaient depuis longtemps. Le nôtre, à vrai dire, s'accommode mal du mètre. Dans la *Vie de Plotin* (§ 11), Porphyre nous apprend que, tenté de quitter la vie, il en fut dissuadé par son maître, qui attribuait ce désir à une « mélancolie » maladive et conseil-

lait, comme remède, un « changement d'air ». Armstrong note aussi que le mal emporté par l'âme consisterait dans les émotions violentes qui accompagnent le suicide.

6. Le « pense-t-il » de Psellus montre qu'il y a là, selon lui, une illusion.

7. Cf. Platon, *Phèdre*, 244 C 8-D 1.

8. C'est le *bull-roarer* mélanésien, qui a la forme d'un rhombe.

9. C'est-à-dire (du spectateur), pour supprimer la contradiction avec le fr. 52.

10. Cf. *Phèdre*, 247 B 1.

11. Cette audace — curiosité excessive de l'homme pour ce qui le dépasse — fait penser à Lewy que le vers provient de l'oracle suivant (fr. 107).

12. C'est le rôle des anges « précurseurs » des archanges ap. Jamblique, *De myst.*, II, 7 (p. 83, 12). Mais ces « précurseurs » ne sont pas les seuls anges que l'on voie là accompagner les archanges : « Les dieux, dit Jamblique, sont entourés d'autres dieux ou d'anges ; les archanges mettent en ligne des anges précurseurs ou rangés avec eux ou qui les escortent, ou encore une nombreuse garde d'anges » (II, 7 ; p. 83, 10-14). Un peu plus haut dans le traité, à propos des divers feux, Jamblique s'exprimait ainsi : « Celui des archanges est bien sans morcellement (comme l'est, à plus forte raison, celui des dieux) ; mais on le voit avec une grande multitude qui l'entoure, le précède ou lui fait cortège » (II, 4 ; p. 78, 2-5).

13. Expression de *Genèse*, 3.24. Emprunt des Théurges ou ajout de Psellus ?

14. Il vaut mieux écrire ici « Triade » avec une majuscule, car Psellus y voit probablement une forme de la Trinité chrétienne. Une note qu'on lira plus loin (*infra*, p. 87) revient sur le souci d'orthodoxie qui tenait en partie à ses difficultés personnelles. L'intérêt très vif qu'il porte aux *Oracles* et la sympathie manifeste qu'ils lui inspirent ne l'empêchent pas de prendre ses distances.

15. Psellus s'est toujours intéressé à la question du

suicide. Nous avons déjà rencontré sa position (cf. *supra*, p. 70) et montré, à propos du fr. 159, que pour lui une condamnation s'impose. Ici il insiste sur la notion de mort violente. Celle-ci ne se limite pas au suicide. Le fr. 159 considère le cas des victimes de la guerre; l'exégèse de Psellus réserve celui des martyrs.

16. Cf. *Deut.* 4, 24, 9, 3; *Hébr.* 12, 29.
17. Cf. *Matthieu*, 11, 27; *Jean*, 1. 18; 14, 9-10.
18. Cf. Plat. *République*, X 615 E 2.
19. Cf. Plat. *République*, II 366 A 6.

POSTFACE

Sous le nom d'*Oracles chaldaïques* la tradition désigne un recueil d'oracles transmis par les dieux et qui aurait eu pour « auteur » un certain Julien. Tout ce que nous pouvons savoir (ou croyons savoir) de cet auteur nous a été transmis par un dictionnaire byzantin, du Xe siècle (mais qui emploie des sources plus anciennes), la *Souda*, où l'on trouve deux articles consacrés à des Julien, liés tous deux à nos *Oracles*. Voici ces deux textes :

I 433. Julien. Chaldéen, philosophe, père de celui que l'on appelle Julien le Théurge ; il a écrit un ouvrage *Sur les démons* en quatre livres. Pour les hommes, il y a une amulette correspondant à chaque partie du corps, comme par exemple les amulettes télésiurgiques chaldaïques.

I 434. Fils de celui que l'on vient de nommer, a vécu à l'époque de l'empereur Marc Aurèle. Il a écrit, lui aussi, des ouvrages consacrés à la théurgie, d'autres consacrés à l'animation des statues, des *Oracles* en vers et d'autres [ouvrages] qui tous relèvent des secrets de cette science. C'est lui, rapporte-t-on, qui, un jour que les [soldats] Romains souffraient de la soif, a fait sur le champ se former des nuages, se lever une tempête et tomber une pluie violente accompa-

gnée de coups de tonnerre et d'éclairs incessants ; et
cela Julien l'a accompli grâce à une certaine science ;
d'autres disent que c'est Arnouphis, le philosophe
égyptien, qui a accompli ce miracle.

Ainsi, il aurait existé deux Julien, père et fils,
distingués par leur surnom : l'un le chaldéen
n'aurait écrit qu'un ouvrage *Sur les démons*, tandis
que l'autre, le théurge, aurait écrit nos *Oracles*. Et
cet ouvrage aurait été composé à l'époque de Marc
Aurèle : notons que la seule preuve en faveur de
cette conclusion est l'histoire du miracle de la pluie
(survenu en 172) qui, déjà dans l'Antiquité, n'était
pas unanimement attribué à Julien : il y avait en
compétition non seulement Julien mais aussi
Arnouphis et même les Chrétiens. L'attribution au
Chaldéen ou aux chrétiens n'a aucune vraisem-
blance historique, puisque nous avons des docu-
ments contemporains qui rapportent le miracle
expressément à Arnouphis. Du coup, nous per-
dons tout point de repère déterminé pour la chro-
nologie des Julien père et fils. Il est cependant
vraisemblable qu'ils ont vécu au cours du premier
ou du deuxième siècle de notre ère, comme le
montrent certaines influences qui se sont exercées
sur ces Oracles. Quant au fait que le père est
appelé Chaldéen, cela n'implique nullement une
origine orientale, mais simplement que Julien pra-
tiquait les « sciences » chaldéennes, magie, astro-
logie, divination, etc. Car pour les romains, le
terme chaldéen désignait simplement un charla-
tan !

On peut donc admettre que Julien dit 'le

théurge' est l'auteur des *Oracles* ; mais qu'entendre exactement par cette désignation d'auteur ? A-t-il écrit les *Oracles* lui-même ? les a-t-il simplement rassemblés ? les a-t-il versifiés ? Et son père, quel rôle tient-il dans cette entreprise ? et son surnom de chaldéen implique-t-il qu'il ait été originaire de l'Orient ? que ces *Oracles* reflètent des sagesses orientales ?

Heureusement pour nous, la tradition si pauvre en données sur les Julien nous a conservé un détail susceptible de jeter une vive lumière sur l'origine des *Oracles* : nous apprenons par Michel Psellus (XIᵉ siècle), dans son *Commentaire sur la Chaîne d'Or* que :

> « Le père de Julien [c'est-à-dire : Julien le Chaldéen], au moment où il était sur le point de l'engendrer, demanda au Dieu rassembleur de l'univers une âme archangélique pour l'existence de son fils, et une fois né il le mit au contact de tous les dieux et de l'âme de Platon, qui partage l'existence d'Apollon et d'Hermès, et par moyen de l'art hiératique, il l'éleva jusqu'à l'époptie de cette âme de Platon pour pouvoir l'interroger sur ce qu'il voulait. »

Texte d'une importance capitale, qu'il faut comprendre comme l'a fait le P. Saffrey dans un article essentiel : Julien père demande au dieu suprême pour son fils une âme de rang archangélique, c'est-à-dire du rang immédiatement en dessous des dieux, grâce à laquelle il pourra rencontrer l'âme même de Platon (qui séjourne auprès d'Hermès et d'Apollon, son père selon la tradition platonicienne), et il pourra l'interroger sur ce qu'il veut. Autrement dit Julien fils sert de médium à Julien père, et le père par ce moyen pouvait obtenir des oracles où s'exprimait rien moins que Platon soi-même. On peut donc dire que les *Oracles* — ou au moins une partie d'entre eux — étaient une sorte de collaboration entre les deux Julien : ce qui s'accorde bien avec le fait que Proclus [412-485] et les néoplatoniciens introduisent souvent les Oracles en disant « les théurges » (*hoi theourgoi*). Il est bien probable, d'autre part, que le recueil des *Oracles* laissait clairement entendre que certains oracles venaient de Platon, et c'est sans doute cela qui a donné à cette collection le prestige dont elle a joui aux yeux des néoplatoniciens : parole révélée des dieux eux-mêmes ou de Platon, elle pèse, à leurs yeux, aussi lourd que l'enseignement même de Platon ou que la plus ancienne tradition théologique grecque, celle d'Orphée, d'Homère ou d'Hésiode. En témoigne ce *dictum* très célèbre de Proclus, rapportée dans sa biographie, due à son disciple Marinos (v^e-vi^e siècle) :

> « Si j'en avais le pouvoir, de tous les livres anciens je ne laisserais en circulation que les *Oracles* et le *Timée*. »

Compte tenu du fait que le recueil lui-même a disparu et que nous n'en possédons plus que des bribes misérables, nous ne pouvons que très difficilement nous faire une idée du recueil. Comment les oracles étaient-ils présentés ? étaient-ils accompagnés des questions qui avaient été posées soit aux dieux soit à Platon soi-même ? étaient-ils

enrichis de gloses ou d'interprétations ? Nous ne
pouvons pas donner la moindre réponse raisonnable à des questions aussi importantes, si pauvre
est notre documentation. Je croirais volontiers
qu'il n'y avait pas de question reproduite : sur le
grand nombre de fragments ou de textes transmis,
il n'y a jamais aucune question, ni aucune indication sur le medium. Pour finir, disons que ces
textes sont écrits, comme les autres oracles transmis en grec, en hexamètres dactyliques, c'est-à-dire le type de vers grecs le plus répandu ; qu'ils
contiennent bon nombre de citations ou d'allusions homériques, à côté d'un bon nombre de
néologismes ou surtout de tournures bizarres,
dues au fait qu'ils sont écrits en vers et que bon
nombre de mots techniques ne peuvent entrer dans
leur mesure.

Il faut maintenant dire un mot de leur contenu.
En décrivant d'abord l'univers auquel les *Oracles*
se réfèrent, puis le schéma d'organisation des principes, avant de passer aux ordres de dieux inférieurs puis à la destinée de l'âme dans ce monde ;
pour finir, nous aborderons la question de l'action
théurgique. En guise de conclusion, nous brosserons une brève histoire de la transmission des
Oracles. Compte tenu du caractère élémentaire de
ce texte, il ne sera pas possible d'entrer dans le
détail des problèmes soulevés par tel ou tel oracle,
souvent compliqués par le fait qu'il s'agit de citations tronquées, hors de tout contexte, employées

par les citateurs pour défendre des thèses qui sont souvent difficiles à distinguer des *Oracles* eux-mêmes : dès lors, il n'est pas toujours facile de faire le départ entre ce que veut réellement dire un texte et ce que Proclus (ou Damascius, ou Hermias) veulent lui faire dire. On n'oubliera pas non plus que nous n'avons donné, dans le texte, que les fragments métriques, puisque, dans le mètre même, ils portent une marque de leur authenticité, mais il existe encore quantité de textes en prose qui contiennent des informations souvent très importantes sur les *Oracles* et qui devraient figurer dans une édition, à côté des fragments versifiés ; mais en ce cas, nous aurions été amené à des discussions d'authenticité interminables.

L'UNIVERS DES ORACLES

L'Univers tel que le décrivent ou le supposent les *Oracles* est formé de trois mondes emboîtés les uns dans les autres, qui enferment aussi bien le domaine du sensible que celui de l'intelligible : le monde empyréen (c'est-à-dire le monde du feu) embrasse uniquement l'intelligible ; il est le lieu des Dieux ; le monde éthéré comprend les étoiles et les planètes et est encore parfait par comparaison avec le troisième monde : le matériel, qui comprend le sublunaire et tout le monde terrestre, monde élémentaire où s'opèrent les changements, naissance et mort et d'où l'âme doit s'échapper en se purifiant précisément à l'aide des techniques de la théurgie. C'est dans ce Cosmos qu'il faut se représenter le déploiement des entités chaldaïques et le drame de l'âme, son combat avec les démons, ses efforts pour se purifier et utiliser à son profit les influences divines, issues des astres. Dans le premier ciel, siège des bienheureux, séjourne lointain et inaccessible le premier Père et toutes les entités spirituelles du système ; dans le second monde se déroule une partie du trajet de l'âme qui cherche à remonter vers ses principes ; c'est là qu'elle rencontre Télétarques et *Kosmagoi* chargées de l'assister dans sa remontée, tandis que dans le bas monde elle a dû affronter la matière et les mauvais démons qui lui sont liés. On peut dire qu'il s'agit d'une vision commune à tous les courants spirituels du début de l'Empire : gnostiques, sectaires des religions dites orientales, platoniciens, chrétiens.

Les puissances divines : père, puissance, intellect.

Pour autant qu'on puisse essayer de schématiser la doctrine des principes dans les *Oracles*, elle ressemble énormément à celle d'un courant que l'on nomme le Moyen-Platonisme, qui était en pleine vigueur aux IIe-IIIe de notre ère, et particulièrement à celle de Numénius, un platonicien d'origine syrienne du IIe siècle.

Comme chez les médio-platoniciens, la figure
du premier dieu est hautement contradictoire :
d'un côté complètement séparé du monde (fr. 3 et
84), il est quasiment inconnaissable ; mais en
même temps, il reçoit une série d'attributs positifs
comme Père (fr. 7), Intellect paternel (fr. 7, 39,
etc.) Source (fr. 13, 30) ou Monade (fr. 11, 26). Seul
le néoplatonisme de Plotin et de ses successeurs
résoudra ce dilemme, en développant complètement la théorie de l'Un premier principe, supérieur à l'Être. Ailleurs, dans les *Oracles*, il est
encore appelé feu (fr. 3, 5), Intellect qui se
contemple soi-même (fr. 8). A côté de lui, siègent
une puissance intermédiaire, la puissance, et un
Intellect, qui constituent la triade Père-Puissance-
Intellect, sujet à variations inépuisables pour les
néoplatoniciens, qui ont eux-mêmes une triade
fondamentale, qui exprime la constitution de
l'Univers entier : Être-Vie-Intellect.

La seule fonction de ce Père est de se penser
soi-même, c'est-à-dire que, conformément à
l'interprétation de la pensée platonicienne défen-
due par les moyens platoniciens, il contient en
lui-même les Idées (fr. 37, 39) et les pense. A côté
de ce premier Intellect, il en existe un second, un
démiurge, qui a pour rôle de produire le monde
intelligible sur le modèle de ces Idées (fr. 5, 33,
etc.). Cet Intellect n'est plus unique comme le
premier : la scission s'est déjà opérée en lui et il
peut se tourner vers le monde intelligible ou vers le
sensible. Le second Dieu projette « les divisions »

ou les « éclairs » (les Idées) dans les « seins » de l'âme du monde, c'est-à-dire dans la matière première (fr. 35, 37). A son tour, ce second Dieu entraîne l'existence d'une troisième entité divine : la puissance du Père, déité féminine intermédiaire entre les deux intellects, qui est souvent identifiée avec Hékate et l'âme du monde (fr. 6, 52, 53), et est située à la limite entre le monde intelligible et le monde sensible, d'où sa désignation fréquente par le terme de « membrane » ou de diaphragme (fr. 6).

Cette organisation triadique des principes a évidemment intéressé des chrétiens comme Marius Victorinus (IVe siècle) qui y ont vu une préfiguration de la Trinité et ont utilisé, dans l'élaboration de leur théologie, certaines spéculations que les néoplatoniciens avaient développées à propos de cette triade initiale.

LES AUTRES PERSONNAGES DU MONDE DIVIN : LES INTERMÉDIAIRES

Le monde des chaldéens est sans doute marqué par une opposition radicale entre le matériel et le spirituel, mais il existe entre ces deux pôles antinomiques toute une série d'entités qui assurent la continuité et qui donnent son unité au monde. Les plus importantes de ces personnalités divines sont les Iynges, les Mainteneurs et les Télétarques. Nous allons les présenter sommairement, en ajoutant à la fin une courte présentation de deux autres entités capitales dans le monde chaldéen : Aiôn et Éros.

LES IYNGES

Dans la langue grecque le mot de *iunx* est généralement associé à la magie, et il en vient à signifier la force « liante » de l'amour, le lien de l'amour, sur lequel on peut évidemment tenter d'agir : d'où le développement d'une magie amoureuse dans le monde hellénistique. Dans les *Oracles*, il s'agit d'êtres divins dotés de puissances diverses : au fr. 77, les Iynges sont présentées comme les pensées du Père, ce sont donc les Idées platoniciennes (dont on sait que, pour les Chaldéens, elles servent à « maintenir » l'Univers) ; au fr. 78, elles sont appelées « messagères » (transmetteurs de messages) ; il faut entendre qu'elles servent d'intermédiaires entre le Père et la matière et sont donc identifiées aux Idées divines, qui informent la matière ; enfin, dans le fr. 206, elles sont identifiées aux roues magiques, donc ramenées à leur origine magique. Dans tous les cas, elles sont donc des intermédiaires, qui servent à relier les deux mondes.

LES ASSEMBLEURS *(Synocheis)*

Les Assembleurs *(synocheus)* sont une autre classe de dieux issue du Père, qui assurent non plus une fonction de transmission dans l'Univers, mais qui, comme leur nom l'indique, ont pour fonction de « maintenir dans l'être » l'univers et ses diverses parties ; ils sont donc des sortes de protecteurs des diverses parties de l'univers (fr. 82). Dans l'exégèse de Proclus, ils deviendront même une classe de dieux à part, celle des dieux gardiens, les *phrouroi*.

LES TÉLÉTARQUES OU MAÎTRES DE L'INITIATION.

On trouve encore une troisième classe de dieux intermédiaires, assez mystérieuse, celle des Télétarques (c'est-à-dire les Maîtres de l'initiation). Ils s'occupent de l'initiation des âmes après la mort, au cours de leur remontée et sont assimilés à d'autres divinités mystérieuses, les *Kosmagoi*, ceux qui régissent les trois mondes de l'univers chaldéen (fr. 85, 86), chacun apparemment étant assigné à un monde particulier.

Ils ont également à faire avec la triade Foi-Vérité-Amour (fr. 46), dans laquelle chaque élément correspond à l'un des Télétarques, la foi étant rapportée au Télétarque du monde matériel, la Vérité au Télétarque du monde éthéré et l'Amour à celui du monde empyrée. Ce qui suggère que ces entités ne peuvent pas être identifiées avec celles de la triade paulinienne « Espérance-Foi-Charité ». Il s'agit encore plutôt de principes cosmologiques (cf. fr. 48), sans doute des forces cosmiques.

Anges et Démons.

Le monde chaldéen est riche d'entités : une chaîne ininterrompue d'êtres divins s'y déploie, anges, démons, héros, âmes désincarnées, et l'anime. Ces êtres interviennent dans la vie d'ici-bas, protègent tel ou tel portions de la création, délivrent des oracles, aident les âmes dans leur remontée, suivent les dieux dans leur ronde incessante autour du monde. Ces figures intermédiaires appartiennent à peu près à tous les sytèmes religieux des premiers siècles de notre ère. On se rappellera simplement que Julien fils avait reçu une âme archangélique.

On trouve un peu partout dans les fragments des allusions à une autre classe d'êtres : les démons mauvais, liés au monde matériel et qui cherchent à entraîner l'âme dans les profondeurs matérielles. Ils sont liés aux éléments sublunaires (air et eau : fr. 91 ; lune : fr. 216). Ils sont toujours désignés par des expressions dépréciatives comme chiens, etc., et sont souvent identifiés à une meute de chiens. Cela les rapproche évidemment de Hékaté (fr. 90, 91), qui est l'âme du monde et la déesse régisseuse de la nature. Ces démons cherchent à s'opposer aux actions de la théurgie et doivent donc être écartés par des actions appropriées.

Aiôn et Éros

Les contextes des fragments nous font connaître une divinité nommée Aiôn (l'Éternité) et l'on s'est demandé quel rôle elle pouvait bien jouer dans le système chaldéen, en particulier quels étaient ses rapports avec Chronos (la figure du temps) qui apparaît aux fragments 37, 39 et 185. Une première remarque s'impose : le nom d'Aiôn n'intervient pas dans les fragments versifiés, et peut-être la présence de cette divinité n'est-elle que le fait de Proclus, soucieux de projeter sur Chronos les traits d'Aiôn. De toute façon les contextes où le nom de Aiôn intervient (fr. 49, 59) lui donnent un statut d'entité noétique : elle est la divinité chargée de maintenir les pensées du Père dans un constant mouvement. Elle est donc plutôt le moteur des astres, le transmetteur du mouvement provenant du premier moteur immobile qu'est le Père. On voit donc que la cosmologie chaldéenne est modelée sur les lignes traditionnelles du Platonisme et de sa fusion avec l'Aristotélisme, si caractéristique du médio-platonisme.

Un problème du même genre est posé par Éros : existe-t-il vraiment comme entité indépendante ou bien n'est-il qu'un des termes de la triade : Foi-Vérité-Amour que l'on a déjà rencontrée. Je pencherais pour en faire un principe cosmologique indépendant, dont l'action est universelle, cela étant encore bien dans la ligne platonicienne (voir fr. 42, 48, etc.).

SALUT : ASCÈSE ET THÉURGIE.

Pour l'âme incarnée ici-bas, le but est de s'affranchir du sort réservé au troupeau (fr. 153-

154) en disciplinant ses passions, en se purifiant dès ici-bas des souillures du monde de la génération et en se préparant à remonter vers son dieu. Rien de bien particulier dans ce programme de vie, commun en gros, à cette époque, aux platoniciens, aux gnostiques et même à une bonne partie des chrétiens. Là où les *Oracles* tranchent, c'est que, à côté d'exercices spirituels, ils proposent d'avoir recours à un certain nombre de rituels de caractères magiques pour libérer l'âme du fardeau du corps et pour « contraindre » les dieux à l'assister dans ses efforts. La théurgie vise à nous unir aux dieux non pas par des exercices intellectuels ou spirirituels comme dans pratiquement toutes les philosophies de l'antiquité tardive, mais à nous faire entrer en contact avec les dieux mêmes au moyen d'opérations de type magiques. Mentionnons à ce propos une difficulté : nous n'avons pas conservé de textes complets à ce sujet dans les fragments des *Oracles*, ni même d'exposés continus dans des sources fiables ; nous devons nous contenter d'allusions dispersées çà et là dans les textes et dans les commentaires des auteurs néoplatoniciens. La tache du spécialiste est difficile parce qu'il n'est pas toujours possible de discerner avec certitude ce qui, dans ces textes, est indubitablement chaldaïque, de ce qui est élaboration néoplatonicienne ou même pure et simple invention de la part de ces auteurs, toujours avides de se prévaloir de l'autorité des *Oracles*, ou des Théurges...

Un mot, pour commencer, sur le terme de théurgie : on ne rencontre pas directement dans nos textes le terme grec de *theourgia*, mais les *Oracles* attestent, pour la première fois dans la langue grecque, *theourgos* (fr. 153), de sorte que l'on peut être raisonnablement certain qu'il s'agit d'une création des Julien. Quel est maintenant le sens exact du terme ? Veut-il dire 'fabriquer' ou même 'créer' des dieux, comme semble y inviter son étymologie, et alors le terme ferait allusion principalement à des techniques comme l'animation des statues ? ou bien 'agir' sur les dieux, et le terme ferait allusion à l'action que les théurges prétendent pouvoir exercer sur les dieux ? En fait, l'étude des emplois du terme théurgie dans les textes anciens montre qu'il ne faut pas insister sur un aspect seulement de l'activité théurgique ; celle-ci est indissolublement et simultanément action de l'humain sur les dieux et participation du divin à cette action. L'une ne peut aller sans l'autre.

Nous présenterons successivement les actions de conjonction puis les activités de lien et de déliage, toutes activités que l'on rencontre largement dans la littérature magique de l'Antiquité, avant de parler brièvement de l'*anagôgê*, ou élévation de l'âme, qui semble avoir été le propre des *Oracles*.

Conjonction (fr. 208)

La conjonction (*systasis*) désigne une opération magique dans laquelle le théurge entre en contact avec un dieu et peut, au cours de cette expérience, recevoir des communications directement du monde divin. Le théurge agit sur les dieux principalement au moyen d'invocations, où il appelle le dieu au moyen de mots incompréhensibles, les *voces mysticae* ou les *nomina barbarica* si chers à toutes sortes de pratiques magiques. On sait que le théurge pouvait aussi chercher à évoquer la force divine au moyen de plantes et de pierres spécialement choisies et à procurer à l'âme la protection, dans son ascension, des dieux liés aux substances choisies.

Animation de statues

Les chaldéens employaient aussi une autre méthode pour attirer et guider à leur profit les forces divines, que l'on désigne souvent du nom d'art télestique : ils disposaient dans une statue des plantes, pierres, animaux liés à ce dieu et pensaient ainsi obtenir une « animation de la statue » : il s'agit toujours d'agir sur les dieux au moyen de la *sympatheia*, ce principe général de la magie dans l'Antiquité, selon lequel toutes choses dans l'univers sont liées et donc agissent les unes sur les autres. C'est une méthode qui n'est pas vraiment propre aux théurges, puisqu'elle est pratiquée très largement dans la magie antique et est bien attestée, par exemple, dans les Papyri magiques.

Liens

La pratique, cette fois, implique que l'on cherche à « contraindre » un être divin à venir habiter un médium, puis ensuite qu'on le renvoie, toujours selon la volonté de l'opérateur : cet aspect de la magie chaldéenne a beaucoup scandalisé les auteurs chrétiens (par exemple Eusèbe de Césarée [début du IVᵉ siècle] a longuement tourné en dérision ces dieux contraints d'obéir par le premier magicien venu, et donc moins puissants qu'un simple magicien..) ; les païens eux-mêmes ont dû en discuter : on trouvera de longues pages consacrées à ce sujet dans les *Mystères des Égyptiens* de Jamblique. Il faut simplement remarquer, avec H. Lewy, que ce sont les dieux eux-mêmes qui ont donné aux hommes la connaissance des formules susceptibles de les faire venir, ainsi que les formules de congé. On peut donc dire que, même dans cette opération, il y a une part d'activité divine (cf. fr. 222). Evidemment avant de procéder à ces rites, dangereux malgré tout, les participants étaient soumis à diverses purifications (par le feu et l'eau, les deux éléments les plus « purificateurs ») et peut-être revêtus de vêtements spéciaux, exprimant cette pureté. Ces opérations pouvaient chercher à obtenir des apparitions « lumineuses », où les dieux pouvaient prendre telle ou telle forme pour se manifester à nos yeux matériels. C'est ce que les chaldéens appellent des « autophanies ». On trouvera encore une longue discussion de ces phénomènes dans le texte de Jamblique, des *Mystères des Égyptiens*.

Le sacrement de l'élévation (anagôgê)

Ici, peut-être plus encore que dans tout ce qui précède, il est extrêmement difficile de faire la part entre l'enseignement même des *Oracles* et l'interprétation donnée par les néoplatoniciens. H. Lewy dans son grand livre sur les *Oracles* a reconstitué un « sacrement d'immortalité » qu'il a appelé *anagôgê*, élévation : notons pour commencer que le terme même est absent des *Oracles*. Cela ne condamne pas immédiatement la reconstitution de Lewy mais invite à beaucoup de prudence.

Le terme de *anagein* a un long passé dans la langue grecque, et particulièrement dans la tradition platonicienne : il désigne l'effort qu'accomplit le philosophe pour faire « remonter », pour faire « retourner », son âme vers les principes, vers le monde du divin. Chez les chaldéens, tout le sens de l'activité théurgique, on l'a déjà vu, consiste à libérer l'âme de l'emprise du monde matériel et à lui permettre de faire retour. Jusque-là tout est clair. Mais lorsque l'on veut préciser les conditions exactes de ce retour, les méthodes retenues, on est dans le vague le plus complet : très peu de témoignages dans les *Oracles* proprement dits ; inversement les textes des commentateurs néoplatoniciens peuvent comporter des traces d'interprétations étrangères à la tradition chaldéenne.

Ramené à ce que l'on peut savoir de plus sûr, l'*anagôgê* consiste dans un ensemble de rites destinés à purifier le véhicule de l'âme (*ochêma*), c'est-à-dire l'ensemble des facultés physiques qui, selon les néoplatoniciens, s'adjoignaient à l'âme et lui permettaient de s'unir au corps. Là, les méthodes de purifications ordinaires s'appliquaient sans doute (Psellus écrit : « D'après le Chaldéen, nous ne pouvons monter vers Dieu qu'en fortifiant le véhicule de l'âme par les rites matériels ; à son avis, en effet, l'âme est purifiée par des pierres, des herbes, des incantations et tourne ainsi bien rond pour son ascension »). Une fois l'âme réduite par ces méthodes (dès ici-bas) à la partie supérieure, la question qui se pose est la suivante : la théurgie peut-elle assurer la purification et la remontée de cette partie de l'âme aussi ? Il semble bien que nos textes attestent cette fois un rite très précis au cours duquel était mimée la mort du corps pour mieux délivrer l'âme : « Et maintenant voici le plus admirable de tout : les théurges ordonnent d'enterrer le corps à l'exception de la tête au cours de la plus secrète des initiations » (Proclus, *Théologie platonicienne*, livre IV, chap. 9, p. 30 éd. Saffrey-Westerink). Il est difficile de savoir ce qu'il advenait ensuite de l'âme de l'initié, mais il se pourrait qu'une bonne partie des textes relatifs aux différents types de morts que l'on rencontre chez les néoplatoniciens se rapportent à cette expérience : l'âme expérimentant, dès ici-bas, la séparation du corps et pouvant s'engager dans des pratiques réservées aux seules âmes désincarnées dans l'au-delà.

Nous avons à maintes reprises mentionné le rôle
considérable joué par les néoplatoniciens dans la
transmission des *Oracles chaldaïques* : on peut
bien le dire, n'eût été leur intérêt passionné pour ce
texte, il nous serait pratiquement inconnu. Le
premier néoplatonicien à utiliser les *Oracles*
semble avoir été Porphyre (IIIe siècle de notre
ère) : il faut sans doute refuser de voir des *Oracles
chaldaïques* dans les très longs textes que Porphyre
cite dans *La philosophie tirée des Oracles*, mais il
est clair que dès le *De regressu animae* l'autorité
des *Oracles* est considérable à ses yeux. Dans la
suite, son attitude semble avoir varié, puisque sa
célèbre *Lettre à Anébon* semble mettre en doute
certains principes de la voie chaldaïque, tandis que
son *Commentaire sur le Parménide de Platon*
utilise déjà plusieurs concepts tirés des *Oracles*
pour élucider la pensée même de Platon.

Par la suite, pratiquement tous les néoplatoniciens utiliseront les *Oracles* : Jamblique, Hiéroclès, Plutarque d'Athènes, Syrianus, Synesius et
plus que tous les autres, Proclus (412-485) : une
bonne moitié des citations viennent de son œuvre !
Il avait de plus composé un commentaire sur les
Oracles de gigantesque proportion : d'après son
biographe, Marinus, il aurait dépassé mille pages.
On peut considérer que la plupart des indications
que l'on trouve sur les Julien, sur les *Oracles*, etc.,
dans les auteurs postérieurs proviennent de Proclus.

Par la suite, les néoplatoniciens sont sans doute

toujours intéressés par les *Oracles*, mais non plus au point de Proclus : on trouve encore des citations chez Damascius, chez Simplicius et chez Olympiodore (VIᵉ siècle), mais elles disparaissent progressivement et ne sont plus connues que de seconde main. C'est que le christianisme s'est imposé partout et que l'heure est à la conformité et non plus aux spéculations hasardeuses. Négligés, abandonnés, méprisés, les *Oracles* disparaissent. Ne reste plus que l'immense *Commentaire* de Proclus, qui va traverser le haut Moyen Age et atteindre (on ne sait sous quelle forme) Michel Psellus, à Byzance, au XIᵉ siècle : grâce à sa curiosité, nous avons conservé non seulement de nombreuses notices relatives aux Chaldéens, généralement bien informées (elles ont pour source un connaisseur aussi éclairé que Proclus), mais aussi plusieurs fragments mêmes du commentaire de Proclus. On voit qu'il existait à Byzance tout un milieu intéressé par ces pratiques magiques et surtout nostalgiques du grand moment que fut le néoplatonisme. Par la suite, le commentaire de Proclus disparut sans laisser de trace.

L'intérêt pour les *Oracles* se maintient, bien ténu il est vrai, chez des auteurs comme Michel Italicus (XI-XIIᵉ siècle) ou chez Nicéphore Grégoras (début du XIVᵉ siècle). Il faudra attendre le XVᵉ siècle pour assister à un regain d'intérêt pour les *Oracles*, d'une importance considérable : il s'agit de la tentative de restauration du paganisme par Georges Gemiste Pléthon (v. 1360-1452), où les

Oracles tiennent une bonne place. Cependant ils sont attribués à Zoroastre, et Pléthon les rassemble dans une collection intitulée « Oracles magiques des mages de la tradition de Zoroastre ». Diffusée en Occident, c'est cette collection qui introduira les *Oracles* dans le milieu néoplatonicien italien sous le nom de Zoroastre, en particulier chez Marsile Ficin. Désormais les *Oracles*, sous le nom de Zoroastre, seront bien installés dans la traditon de la *Prisca theologia* : non plus des textes du IIe siècles de notre ère, mais des textes d'une considérable antiquité, pouvant rivaliser en autorité avec l'Écriture elle-même, ou en tout cas capables de l'éclairer. On verra même paraître plusieurs éditions de la collection de Pléthon (Ferrare, 1591 par Patrizi ; Paris, 1599 par Opsopœus ; Amsterdam, 1689 par Gallaeus). La fin de ce courant, vers le début du XVIIIe siècle, marque la disparition de l'intérêt pour les *Oracles*.

Il faudra attendre la fin du XIXe siècle pour voir renaître l'intérêt pour les *Oracles*, mais cette fois dans un monde bien différent : celui des spécialistes de l'antiquité tardive. C'est en 1891 que G. Kroll publie sa thèse d'habilitation consacrée aux *Oracles chaldaïques*. Conformément aux usages, c'est un modeste ouvrage, écrit dans un dense latin, qui devait déterminer pour longtemps l'intérêt pour les *Oracles*. En particulier, c'est à lui que l'on doit la mise en ordre des fragments selon des catégories philosophiques sans doute étrangères à la mentalité des chaldéens.

Depuis lors, le P. des Places a donné une édition des fragments, accompagnés de copieuses notes, et d'un bon nombre de textes de Proclus et de Psellus (Paris, 1971 ; 2è éd. 1991). C'est à cette édition qu'est empruntée la traduction contenue dans ce volume ainsi que l'essentiel des notes. Pour être complet, mentionnons l'édition de R. Majercik, parue à Leiden en 1989, qui reprend pour l'essentiel le texte de l'édition des Places, mais donne un commentaire où il y a souvent à prendre.

BIBLIOGRAPHIE SOMMAIRE

E.-R. Dodds, *Les Grecs et l'irrationnel*, tr. fr., Paris, 1965.

A.-J. Festugière, « Contemplation philosophique et art théurgique chez Proclus » art. repris dans *Études de philosophie grecque*, Paris, 1971, p. 585-596.

A.-J. Festugière, *La révélation d'Hermès Trismégiste*, t. III, Paris, 1953, et t. IV, Paris, 1954, (réimpr. en un seul vol. Paris, 1988.)

P. Hadot, *Porphyre et Victorinus*, 2 vol., Paris, 1968.

G. Kroll, *De Oraculis Chaldaïcis*, Breslau, 1895, (réimpr. Hildesheim, 1962.)

H. Lewy, *Chaldæan Oracles and Theurgy* (Recherches d'archéologie, de philologie et d'histoire, t. XIII), Le Caire, 1956.

H. Lewy, *Chaldæan Oracles and Theurgy*, 2è éd.,

Paris, 1978, (avec un appendice et des indices très détaillés dus à M. Tardieu et un coup d'œil sur l'état de la recherche par P. Hadot). [capital] H. D. Saffrey, « Les néoplatoniciens et les Oracles chaldaïques » dans *Rev. des Et. Augustiniennes*, 27 (1981), p. 209-225, art. repris avec plusieurs autres très importants dans *Recherches sur le Néoplatonisme après Plotin*, Paris 1990, p. 64-79.

W. Theiler, *Die Chaldäischen Orakel und die Hymnen des Synesios*, Halle, 1942, (réimpr. dans *Forschungen zum Neuplatonismus*, Berlin, 1966.)

TABLE DES MATIÈRES

Ce volume,
le troisième de la collection
« Aux sources de la tradition »
publié aux Éditions Les Belles Lettres
a été achevé d'imprimer
en avril 2007
dans les ateliers
de l'imprimerie Jouve
11, bd de Sébastopol, 75001 Paris

N° d'éditeur : 6549
N° d'imprimeur : 424759M
Dépôt légal : juin 2007

Imprimé en France